はじめに

あなたはこれから何[illegible]後何年生きるでしょうか？

今から100年前、大[illegible]人の平均寿命は43歳でした。医学と科学の進歩によって平均寿命は年々延び続け[illegible]2020年現在では男性は81歳、女性は88歳が平均となっています。100歳を超える[illegible]くなりました。

2020年に生まれた子どもは、1[illegible]歳まで寿命が延びると予測されています。人によっては120歳、130歳まで生きられるようになるでしょう。

数年前から人生100年時代といわれるようになりましたが、それはこの先長くなりそうな人生をどう生きるかの問題と不可分です。

一昔前の日本であれば、定年後は年金で悠々自適といわれていましたが、1940年代には55歳から支給されていた年金が、その後に60歳からとなり、現在では段階的に65歳からとなっていて、将来的には70歳からになるのではないかと予測されています。

そのため、今では定年後も何らかのかたちで働くことが当たり前になってきています。まさに「働く人生50年時代」の到来です。

働く期間が延びたことで、私たちは高齢になってからの働き方に向き合わざるを得なくなりました。

一般的に、プログラマーの定年が35歳などといわれていたように、あるいはプロスポーツ選手のほとんどが30代で引退するように、年齢を重ねると若い頃と同じ働き方が難しくなります。

もちろん、カウンセラーやコンサルタントをはじめとして、人生経験を積んだ高齢者に向いた仕事もありますが、いずれにせよ、年を経ると働き方が変わってくるものです。

韓国の大手企業では実質的に45歳で肩叩きが行われ、ほとんどの人が転職を余儀なくされるそうです。日本企業でも、55歳頃に役職定年で肩書きがなくなって、かつての部下の下で働かざるを得なくなり、60歳で定年後は再就職や再雇用で非正規社員になることも多く、給料も激減してしまいます。

「新しい学び」でキャリアアップ！

リカレント教育のすすめ

株式会社さんぽう会長
渡邉洋一
WATANABE YOICHI

幻冬舎MC

なぜ、年を経ると仕事ができなくなってしまうかといえば、私たちの社会がものすごいスピードで変化し続けているからです。

今どき、パソコンで書類が作れない、メールが打てない、という人がいたら、一緒に仕事をするうえで問題になることは間違いありませんが、今の60代以上のなかにはそういう人も少なからずいます。

彼らがこれまでパソコン操作に熟達してこなかったことを笑うのは簡単ですが、パソコンは一例に過ぎません。現在40代で、パソコンは問題なく扱えるという人も、20代の人と比べたら、スマホやSNSを十分に活用しているとはいいがたいでしょう。

また、いま40代の人でも、60代になったときに新しいスキルに追いつかなくなっていることが十分に考えられます。

スキルだけではなく、世の中の変化を知り、考え方を変えていくことも重要です。

高齢者が若い人から、「老害」と揶揄されがちなのは、古い時代の文化や習慣に固執して、市場ニーズを読み誤ったり、マネジメントに失敗したりするからです。

グローバリズム、コンプライアンス、SDGs、ダイバーシティ&インクルージョン、データサイエンス、ロボティクス、ＡＩ……、あなたは時代環境の変化に対応して自らを常にアップデートできているでしょうか？

若い人だって安閑としてはいられません。銀行や航空、エレクトロニクス、自動車といった花形の大企業でもリストラをする時代です。社会人にも知の再武装が必要です。


この本は２０２０年の春から夏にかけて書きました。新型コロナウイルスが猛威をふるっていた年です。この感染症は、オンライン会議の普及やＩＴツールの一般化など社会の様相を一変させ、ますます「新しい学び直し」の重要性を高めました。

また、本書は社会の変化の犠牲となった氷河期世代の方、そして弱者として社会の周縁に追いやられがちな高齢者や女性読者および会社の中でステップアップしたい人を念頭に作ったものです。それらの方々が、これからの世界を生き抜いていくための一つの方法として、社会人の新しい学び直しをどのように進めるべきかについて書いています。

２０１７年の「人生１００年時代構想会議」において、当時の安倍首相はリカレント教育（社会人の学び直し）の拡充と財源の投入を公的に宣言しました。

そして実際に2020年度予算では、文部科学省がリカレント教育の新規事業におよそ34億円を要求するなど、政府は社会人の学び直しに本腰を入れています。

しかしリカレント教育については、まだ指南書がほとんど存在しません。

社会人3000人を対象にした内閣府の調査によれば、大学などで「学んだことがある・今後は学んでみたい」との回答は49・4％、30代に限れば60％を超えていますが、実際に「現在、学んでいる」人はかなり少ないです。（内閣府『平成27年度 教育・生涯教育に関する世論調査』）

その理由として、何をどこでどう学べばキャリアアップにつながるのかが分からないという声があります。その答えとして本書を企画しました。

読者の皆さまがこの本を読んで新しい学び直しを始め、その結果としてより良い仕事人生を手に入れていただければ望外の喜びです。

巻頭メッセージ

本書の出版にあたって、リカレント教育に力を入れている文部科学省と厚生労働省から読者へのメッセージをもらいました。文科省や厚労省が「学び直し」のためにどのような援助をしているのかを読んでいただきたいと思います。

大学等におけるリカレント教育の拡充に向けた文部科学省の取組

文部科学省総合教育政策局生涯学習推進課

人生100年時代の到来や、技術革新等の進展による経済社会の大きな変化に対応するためには、個々人が人生を再設計し、一人ひとりのライフスタイルに応じたキャリア選択を行い、新たなステージで求められる能力・スキルを身につける機会が提供されることが重要です。

令和2年7月17日に閣議決定された「経済財政運営と改革の基本方針2020」（骨太の方針）でも、「いくつになっても再チャレンジできるリカレント教育を全国的に推進する」といった記載があり、政府としても、重点施策の一つとして国全体で推進しています。

一方、現状ではリカレント教育の推進についてまだ課題が多く、今後いっそう取組を強化していくことが重要です。

内閣府が平成30年度に実施した「生涯学習に関する世論調査」によると、社会人となったあとも、大学や専門学校などの高等教育機関において学習したことがある、もしくは今後学習したいと考えている人の割合は約3割強にとどまるといった結果が出ているほか、社会人が学び直しに抱えている課題として、①費用がかかる、②時間がない、③実践的なプログラムがない、④学習に関する情報を得る機会がない、が上位となっています。

文部科学省では、社会人が抱える課題を解消して学び直しの総合的な充実を図るためにさまざまな取組を実施しています。

一つ目としては、社会人向けプログラムの新規開発・拡充および人材育成です。「実践的なプログラムがない」という課題等に対応し、ＩＴ技術者等を対象とした実践的なプログラムの開発・実施等を推進する「Society5.0に対応した高度技術人材育成事業」や、専修学校において地域や産業界の人材ニーズに対応した分野横断型のリカレント講座を開発する「専修学校リカレント教育総合推進プロジェクト」を実施するほか、放送大学では社会のニーズに対応した実践的なオンライン講座の開発等を通じて、総合的なカリキュラムの充実を実施しています。また、大学等において、実践的なリカレント教育を提供するため、実務家教員の育成を行っています。

このほかにも、大学・専修学校等における実践的な社会人向けの短期プログラムに対して「職業実践力育成プログラム（ＢＰ）」および「キャリア形成促進プログラム」（編注・１４６ページ参照）として文部科学大臣認定を行っております。現在約３００課程を大臣認定しており、今後も認定プログラムの拡充を推進してまいります。

二つ目は「社会人学習者への支援強化」です。社会人が学びやすい環境を整備するため、大学・専修学校における社会人向けのプログラムの情報を一元的に提供するための総合的なポータルサイト「マナパス（https://manapass.jp/）」の構築のほか、女性の学びとキャリア形成・再就職支援を一体的に行う仕組みづくり等を行っています。

今後も文部科学省では、厚生労働省などの関係省庁と連携しながら、引き続きリカレント教育の拡充に向けた取組を進めてまいります。

リカレント教育について

厚生労働省人材開発担当官人材開発総務担当参事官室

社会人の学び直し・リカレント教育は、誰もがいくつになっても活躍できる社会を目指すために、政府全体として推し進めている大きな施策です。特にＩＴやＡＩなど新しい技術が急速に進展するなか、高校・大学までに受けた教育で長い職業生活を乗り切ることは困難といわれてきており、必要に応じて社会に求められる職業能力を身につけられるよう、幅広い支援を行っています。

リカレント教育と一言でいっても、その方法や対象となる方はさまざまです。

たとえば、病気や子育てにより長期にわたって離職されていた方が就職を目指すような場合、まずは社会で求められる必要なスキルを身につけることが重要です。全国各地のポリテクセンターや、職業能力開発校、委託を受けた民間教育訓練機関等では、こうした方に年齢にかかわらず必要な職業訓練を行い、就業に結びつけています。期間は訓練コースにより2カ月から2年の間とさまざまですが、受講料は原則として無料であるほか、受講期間中は一定の手当てが支給されます。また、就職のためご自身で資格を取得する場合には、取得費用の最大7割を国が補助する制度もございます。

現在仕事をしている方などで、自身のキャリア形成のために資格取得等を目指す場合、長期にわたる専門性の高い訓練が求められます。こうした方々には、専門実践教育訓練給付制度（編注・155ページ参照）を利用していただくことで、資格の中でも特に労働者の中長期的キャリア形成に資する訓練を受講する場合について、受講費用の7割まで補助が受けられます。

また、学び直しを希望する方々を雇用している企業への支援も行っております。人材開発支援助成金（編注・159ページ参照）では職業訓練コースを実施する事業主に対して訓練経費や訓練期間中の賃金の一部を助成しており、特に生産性の向上に直結する訓練や若年労働者への訓練、技能承継等の訓練についてはＯＦＦ－ＪＴ（訓練機関での座学等）の場合は経費の最大75％が助成されるほか、時間あたりの賃金についても一定額の補償がなされます。また、ＯＪＴ（企業内での職務を通じた訓練）の場合であっても訓練機関との訓練を組み合わせた雇用型訓練を行う場合には、時間あたりの賃金額のうち一定額が補償されます。

本日ご紹介したもののほかにもさまざまな施策を推し進めております。本誌をお読みになり「学び直し」にご興味をお持ちになった方は、ぜひ厚生労働省ホームページ等をご覧いただき、ご自身にあった制度をご利用いただけますと幸いです。

「新しい学び」でキャリアアップ！　～リカレント教育のすすめ～　目次

[第6章] 「学び直し」で切り拓く未来

［第1章］

人生100年、働く人生50年の時代。なぜ新しい学び直しなのか

マーケットが縮小を続けるなか、経済・雇用構造や企業も変化する

2020年の新型コロナウイルス感染症の流行以来、世界は大きく変わってしまいました。

いいえ、正確にいえば、世界は常に変わり続けています。

私が大学を卒業して社会人となったのは1960年のことです。当時はスマホもパソコンもなく、通信手段はメールやSNSではなく交換手がつなぐ電話か電報、複雑な計算は電卓やエクセルではなくそろばんと計算尺、書類を作るときはワードもワープロもないので手書きでした。

私が入社したのは博報堂で、広告制作の仕事をしていたのですが、デザイナーさんはフォトショップではなく手描きでデザインをしていました。フォントの代わりに定規を使ってレタリングをしていましたし、活字も一文字一文字の型を拾って並べる活版印刷でした。

今、振り返れば良い時代でした。1960年といえば、池田勇人首相が就任した年で、

「所得倍増計画」が打ち出され、国民の大多数は半信半疑ながら、将来に夢を見て、おおいに希望を持ったものでした。

若い方はご存じないかもしれませんので説明しますと、当時の池田内閣は10年間で国民所得を2倍にすると宣言し、実際に毎年約10％ほどの経済成長を実現し、10年どころか5年目には名目ＧＤＰ（国内総生産）が2倍を超えたのです。国民一人あたりの実質所得も、7年目には倍増を達成しました。輝かしい時代でした。

その後も国民一人あたりの実質所得は1990年代半ばまでは何とか増え続けたものの、以降は上がったり下がったりの繰り返しで、長期的には減少の傾向にあります。

1世帯あたりの平均所得金額も、1994年の664・2万円をピークに、2019年の発表では551・6万円にまで減ってしまいました。新型コロナウイルス感染症によるパンデミック等で、残念ながら2020年はさらに減少するでしょう。

いまや、日本が年間10％もの経済成長をするとか、所得が倍増するなんて、夢物語であっても信じられなくなりました。

いったい何が起きているのかといえば、原因は大きく二つが考えられます。少子高齢化とグローバル化の負の側面です。つまり、生産性や国際競争力が相対的に低下したのです。日本の生産年齢人口は1995年でピークとなり、以降は少子高齢化で、高齢者ばかりが増え続けています。日本の総人口も2008年がピークで、以降は減少を続けています。まさに衰退する国家です。

グローバル化とは、私たちの暮らす日本の社会が、地球（グローブ）と一体化していくことを指します。

私が社会人になった1960年は、日本は日本、海外は海外で隔絶した世界でした。なにしろ日本から海外への渡航にはまだ政府の許可が必要で、外貨も勝手に使うことは許されていませんでした。ひらたくいえば、個人の観光目的での海外渡航は許されず、円を勝手にドルに両替することもできなかったのです。今では想像もつかない世界です。

ちなみに1ドルは360円の固定相場でした。現在のレートからいえば3倍も円安ですが、それだけ日本円の力が弱かったのです。

新聞などを見ると円高になると輸出に不利で日本企業が困るなどと書かれていますが、

円が安かった時代は海外のものを購入するのに今よりも3倍の日本円が必要でした。ですから、海外からの輸入品は舶来物と呼ばれて高級品の代名詞になっていました。

ところが今はどうでしょう。

100円均一ショップに行けば、中国から輸入された安価な日用品や雑貨が、日本企業の従来製品の半額以下で売られています。

海外に進出した日本企業は外国人を積極的に雇用するようになり、日本の若者は日本語ができて国際的な感覚を持った優秀な外国人との競争を強いられています。

企業も消費者も、世界中から物を調達できるようになり、日本国内の市場は、物価の安い海外との価格競争で疲弊しています。

またITの進歩がグローバル化にいっそう拍車をかけました。音楽や書籍、映画はデジタルデータで販売されるようになり、海外の人気大学の講義もオンラインで受講できるようになり、参入障壁に守られた国内市場が次々と崩れています。

世界市場で戦える企業や人でなければ、生き残ることが難しくなっているのです。

5年後、あなたの仕事は生き残れるか

2020年の新型コロナウイルスの流行は、社会の変化の速度を速めました。

その5年前の2015年に、野村総合研究所とオックスフォード大学の共同研究で、AI（人工知能）やロボットは、10~20年後に、日本の労働人口の約49%が就いている職業を代替することが可能になる、と発表されましたが、そこに至るまでの期間はさらに短くなったような気がします。

チェスや囲碁や将棋の世界で、天才と呼ばれた人間のトップ棋士が軒並みAIソフトに負けたことが、AIと人間の逆転劇の始まりでした。

将来的には事務作業のすべてがAIとロボットに置き換えられてしまうでしょう。

しかし、AIやロボットにはいまだ難しい領域があります。それは、コミュニケーションやクリエイティブ性や判断力が求められる仕事です。

ルールに定められず臨機応変な対応が求められる職種や、抽象的なアイデアから何かを作り出す仕事に人間が生き残る道がありそうです。

いずれにせよ、今後5年から15年で、私たちの仕事環境は激変します。大量に法律を覚えて司法試験に合格しても、一部の仕事がAIに奪われるという未来は容易に想像できます。職人にしか成し得ないものづくりも、それが定型仕事になってしまえば、ロボットに軍配が上がるでしょう。

そのような世界で私たちはどのように生きていけばよいのか、真剣に考えなければなりません。AIに使われるのではなく、逆にAIを使ってより高度な仕事を実現するためにはどうすればよいかを考えることが大切です。

時代の変化に対して敏感になろう

そもそも、現代は非常に変化のスピードの速い時代です。

私が社会人になった1960年には、大企業に入社すれば一生安泰だといわれていました。その根拠は国が護送船団方式で産業を守ってくれるからでした。もっといえば「親方日の丸」で、公務員や大企業が最も安心安全な職業でした。さて、この認識は今でも通用するでしょうか？

おそらく今の若者の多くにとって、大企業も公務員も以前とは見方が変わっているでしょう。公務員といっても教師や警察官や消防士といった仕事はイメージしやすいですが、漠然と公務員や大企業に憧れる人はそんなに多くないでしょう。

ちなみにリクルートの調査によれば、1965年の大学生文系男子の就職人気ランキング1位は東洋レーヨンでした。以下、大正海上火災保険、丸紅飯田と続きます。現在の名前で言えば、東レ、三井住友海上火災保険、丸紅となります。

10年後の1975年の人気ランキングトップ3は、日本航空（JAL）、伊藤忠商事、三井物産となっています。1965年に人気だった東レと大正海上火災保険はトップ20の圏外になりました。日本航空の倒産と更生を知る今の私たちが見ると、企業の栄枯盛衰が如実に感じられます。

さらに10年後の1985年の人気ランキングトップ3は、サントリー、東京海上火災保険、三菱商事の3社です。さすがに有名どころが並んでいますが、日本航空はトップ20から消えました。

1995年は、民営化された日本電信電話（NTT）が1位で、東京海上火災保険、三菱銀行と続きます。人気だった三菱銀行はのちに東京銀行と合併して東京三菱銀行に、さらにＵＦＪ銀行（三和銀行・東海銀行）と合併して三菱東京ＵＦＪ銀行に、さらに改名して現在は三菱ＵＦＪ銀行に生まれ変わっています。

２００５年のトップ３は、全日本空輸（ＡＮＡ）、トヨタ自動車、ＪＴＢでした。21世紀に入って、リクルートは文系理系と男女の区別を止めて集計するようになったためか、トヨタ自動車が初めてランクインしています。

ちなみに調査主体が文化放送キャリアパートナーズに変わった最新の２０２０年後半ランキングでは、トップ３は全日本空輸（ＡＮＡ）、伊藤忠商事、東日本旅客鉄道（ＪＲ東日本）でした。

このように、大学生の就職したい企業を10年単位で眺めただけでも、その移り変わりが激しいことがわかります。名前だけを見ても、倒産や合併や民営化や環境の変化に伴う改名が目立ちます。さらに今後も変化は続くでしょう。

いまや大企業でも終身雇用制度が崩壊しつつありますし、業績が悪化したり他社に買収されたりすればリストラも当たり前になりました。ランキングに名前の出てきた三井、住友、三菱といった名門グループも事業の統廃合による人員削減をしています。自動車や製鉄のメーカーでも赤字になったところがあります。

人員削減が進む会社で、もしくは運悪くその対象になって会社をクビになったとして、それでも生きていくにはどうすればよいのか。

そのためには、自分が今いる会社、環境だけでなく、外部の就職市場においても常に必要とされるように自分の能力を磨き、常に成長を怠らないことが大切です。

年功序列、終身雇用、一括採用の崩壊でリストラされる人と中途採用される人の違い

リストラされても大丈夫な強い人材になることも重要ですが、できれば慣れ親しんだ環境で働き続けたいというのも人間心理です。

人間の性格は、新奇性（目新しさ）を追求する好奇心の強いタイプと、環境の変化を嫌う地道に生きるタイプとで、大きく二つに分けることができるそうですから、転職を繰り返してキャリアアップしていく生き方が誰にでも合っているわけではありません。

そこで考えたいのは、リストラされない、万が一、勤めている会社や組織が倒産しても、

すぐに新しい働き場所が見つかる、就職市場で求められ続けるための心構えです。

そもそも、すでに会社で働いている方というのは、入社時点で採用試験に合格して入社した人ばかりです。つまり、その時点では「きみが必要だ」と言われて、何らかの期待をかけられて入社しているはずです。

そのような人が、もしリストラの対象となるのだとしたら、会社とその人とのどちらか、もしくは双方に何らかの変化があったからです。

では、その変化とはどのようなものでしょう。

会社の業績が傾いて、事業を縮小した結果、既存社員をすべて抱えきれなくなったのだとしたら、それは会社の失敗であり、その人には責任はないかもしれません。しかし、もしそれでリストラの対象となるのだとしたら、その人をキープしたい優先順位が会社にとって低かったことを意味します。つまり、あまり会社に貢献できていなかったのかもしれません。

実際のところ、企業が求めるのは、たとえば指示待ちではなく自分で考えて利益を生み出せるような人です。もっと欲張っていえば、会社におんぶにだっこの依存型社員ではなく、経営者目線をもって自ら率先して新規事業を生み出せるような人材です。

ですが、従業員にそこまでを求めるのは難しいでしょう。もしそこまでできるような人であれば、今の時代はさっさと独立して自分で起業しかねないからです。

とはいえ、グローバル化に伴う市場競争の激化で終身雇用が難しくなり、事業環境の変化で次々と新規事業を立ち上げねばならない現代の企業としては、方向性としてはそのような人材を求めているのは事実です。

リストラされない人材とは、結局のところ、リストラされても別の生き方ができる人材なのです。

では、起業するほどの自信も関心もない私たちはいったいどうすればいいのでしょうか。

一つの方法は、時代の変化に取り残されないことです。

たとえ新規事業を立ち上げることはできなくても、今の時代に生きる人間の一人として、会社や家庭で何が受けていて何が必要とされているのかを肌身で感じることはできます。

そのように、常に自分を今の時代のニーズに応えられるようにアップデートし続けることが一つの回答になるでしょう。

今の時代がどのような方向に進んでいて、どのような知識や態度が求められているのか、学習していきましょう。

働き方改革により、空いた時間に学習できる

２０１９年４月より、働き方改革関連法案の一部が施行されて、長時間労働への規制が進みました。ようやく日本でも多様な「働き方」が認められるようになりました。

すでに述べたように、日本は少子高齢化によって「働く人」（労働力人口）が減少し、それによって経済成長が鈍っています。

労働力不足を解消するためには三つの対策が必要です。一つは出生率を増やすこと、もう一つは働き手を増やすこと、そして最後の一つが生産性を向上させることです。

日本経済の将来を長期的な視点で考えたときに、出生率を増やして人口の減少に歯止めをかけることは必須です。しかし、仮に出生率が増加したとしても、生まれた子どもたちはすぐには働けません。彼らが生産年齢人口に達する20年後まで、日本を延命させる必要があります。

そこで即効性のある対策として、働き手を増やすことが欠かせません。

増やせる働き手というのは、現時点で働いていない人のことを指します。すなわち、出産と育児のために仕事を辞めてしまった女性、定年退職で悠々自適の生活に入った高齢者、日本で働きたい外国人、何らかの理由で恒常的に働いていないフリーターなどです。

これらの方に共通するのは、いわゆる日本企業の正社員のように毎日朝から晩まで定時で働くことが難しいことです。

たとえば、育児のただなかにある女性（もしくは男性）は、子どもの面倒を見なければならないために長時間会社にい続けることができません。認可保育園の標準時間は原則8時間で、通勤時間もその中に含まれます。残業なんてとうていできません。

また、高齢者は体力的な限界と、せっかく退職して年金がもらえる身分になったのだからそんなに働きたくないという感覚が見られます。外国人には日本語の勉強時間が必要ですし、フリーターにも事情があることでしょう。

これらの方が働くことを難しくさせている背景には、日本企業において長時間労働が当たり前になっている現状があります。過労死が〝カローシ〟として英語で通用するように、日本の長時間労働は国際的にも有名で深刻な問題です。

もっと問題なのが、非正規社員と正社員との格差問題です。同じ仕事をしているのに賃金や待遇が大きく異なるという、日本企業の正社員の好待遇は、非正規社員としての働き方から多くの人を遠ざけています。

労働時間の問題で非正規として働かざるを得ない方々も、非正規社員の待遇の悪さを実感すると「働かないほうがまし」と感じてしまうほどのようです。特に、一定の収入がある育児中の女性や高齢者にその傾向が強く、日本で労働人口が減少する要因の一つとなっています。

非正規社員の待遇が上がらないのは、日本企業の生産性が低い水準のまま、人件費に対して十分な収益が上がっていないのも要因です。この労働生産性の向上が、働き方改革の大きな肝になっています。

そして労働生産性を向上させるための切り札がＩＴ化です。

ＩＴシステムによる業務の平準化と自動化、個人業務の可視化とそれによる効率的なタイムマネジメント、そしてテレワークの活用による移動時間の短縮などによって、徐々に労働生産性が向上して残業が減ってきています。

これによって同一労働同一賃金が達成されれば、育児中の女性や高齢者、フリーターの就労が促進されるでしょう。

それと同時に正社員の負担も軽くなり、残業がなくなって長時間労働が解消されれば、目の前の仕事だけでなく長期的に自分の価値を高める学習に目を向ける余裕もできるというものです。

このように変化が速く、価値観の変質も目まぐるしい時代には、日本のサラリーマンはただ目の前の仕事をこなすだけでなく、常に学習を続けて自分自身のスキル・知識を向上、変革させていかねばならない、と私は思います。

そうやって**〝仕事ができる人〟になれば、職場でも認められ、また働き方も選べるようになり、より自分に合わせた生き方ができるようになる**からです。

それは夢物語に聞こえるでしょうか。

決してそんなことはありません。

思えば、私が働き始めた頃は、現在のように土曜日は休日ではありませんでした。会社も学校も、もちろん役所だって土曜日は平日扱いで、みんな普通に働いて何の文句も言わなかったものです。

日本企業で初めて週休二日制を導入したのは、当時は松下電器産業という名前だったパナソニックで１９６５年のことです。

当時、真似をする企業はほとんどありませんでしたが、バブル景気が終息した１９９０年代から週休二日制を取り入れる企業が多くなり、１９９２年から官公庁が、２００２年から公立小中学校が、完全週休二日制となりました。

時間はかかったものの、このような大きな変化がすでに日本企業では起きており、その変化は不可逆です。今さら土曜日を平日に戻そうとしても反発が大きすぎて無理でしょう。

それと同様に、ＩＴ改革と働き方改革とは車の両輪のように進んでいき、元に戻ることはありません。すでに、新型コロナウイルス感染症のパンデミックを奇禍として、テレワークとオンライン授業が日本の企業と学校に定着しつつあります。

この国はいやおうなく変わっていきます。私たちは自由な働き方を得るために、働き方や生き方についてのリテラシーを身につけ、正確な知識のもとに意見を発信していく必要があります。

社会人にも学習が必要だと私が考えるのは、この激変する社会で学習が生涯を通じてその人自身や企業を成長させ、よりよい生き方に導いてくれるからです。

社会人の新しい学び直しについて

趣味としての学習もありですが、忙しい社会人が学び直しを行うのであれば、今後の人生においてどのように役立てるかを考えることが欠かせません。たとえば、社会人の学び直しには次のようなパターンがあります。

①今の仕事に関連する学びでキャリアアップをはかる（非正規雇用から正規雇用、あるいは会社内での昇進や昇格など）
97ページで体験談を読むことができます。
②今の仕事からのキャリアチェンジを目的として学ぶ（別の業界、会社に転職するなど）
66ページで体験談を読むことができます。

③今の仕事からの独立起業を目的として学ぶ（脱サラして事業を興すなど）
71ページで体験談を読むことができます。
④仕事とは直接関係なく、豊かな人生を送るための教養を身につける（生涯学習など）
78ページで体験談を読むことができます。
⑤定年退職後の第二の人生でも職を得るために学ぶ（起業、転職、就職活動など）
84ページで体験談を読むことができます。
⑥仕事につくために、資格や技術を取得する（フリーター、主婦からの社会復帰など）
91ページで体験談を読むことができます。

また、学ぶ方法についても、大きく分けて①スクールに通学、②通信教育、③独学の三つのパターンが考えられます。それぞれのメリットとデメリットは以下のとおりです。

①スクールに通学（自宅からオンラインで受講できるスクールもあります）
通学を選ぶことで自分を強制的に学習に向かわせることができます。また費用を無駄

にするのはもったいないとの気持ちからやる気も継続します。

②通信教育

通信教育は、コスト面でも自由度においても通学と独学との中間にあたります。学習時間を自分で決めることができますが、その分、さぼりやすくもなります。

③独学

独学は最もコストがかからないのですが、自分を律することができなければ不完全な学習になってしまうので注意が必要です。プロ講師の指導もないため、非効率的な学習になる恐れもあります。

スクールについては、一般的に次のような区別があります。

①大学院（学士号を持つ大卒者がさらに研究をするための学校）

第4章に「LEC会計大学院」のインタビューが掲載されています。

②大学・短大（高卒以上の学力を持つ者に高等教育を施すための学校）

第4章に「日本女子大学」、「ビジネス・ブレークスルー大学」のインタビューが掲載されています。

③専門学校（専修学校専門課程・職業人を育成するための実践重視の学校）

第４章に「文化服装学院」、「ハリウッド美容専門学校」のインタビューが掲載されています。

④各省庁や都道府県が設置する職業訓練施設（ポリテクセンターや職業能力開発大学校・短期大学校）

巻末付録に「関東職業能力開発大学校附属千葉職業能力開発短期大学校」などが掲載されています。

⑤その他のスクール（無認可の民間教育機関、制約が少ないまたはないので自由にカリキュラムが組める）

第４章に「ファイナンシャルアカデミー」のインタビューが掲載されています。

⑥最近制度化された専門職大学・専門職短期大学

巻末付録にリストとして掲載されています。

なお、これらの分類は時代に合わせて常にアップデートされています。たとえば従来の大学院においては修士課程2年、博士課程3年の履修が必要でしたが、他の大学院で得た単位の認定により、修士課程を1年間で修了することも可能になりました。

また、実践重視の教育を行う専門学校と別に、高等教育機関として専門職大学、専門職短期大学が制度化されました。

これらの制度変更は、実際に職についている社会人の「学び直し」を推進し、スキルを高めてもらうためのものでもあります。

［第2章］

これからのキャリアアップに役立つ新しい学びとは？

資格取得「だけ」では食べていけない？

社会人の学び直しと聞いて、皆さんがまっ先に思い浮かべるのは「資格」の取得でしょう。

社会保険労務士、中小企業診断士、宅地建物取引士などの「資格」のほとんどは、社会人になってから学校に通って、もしくは通信教育や独学で勉強して受験するものですし、それによってキャリアアップやキャリアチェンジが望めるからです。

一方で、それらの「資格」を取得しても、必ずしも独立開業できるわけではないし、昇給にもつながらない場合があるという別の意見も、世の中には少なからず存在します。

はたして「資格」の取得は役に立つのか、立たないのか。その答えは、場合によります。

もし皆さんが、仕事とあまり関係のない資格を、特に明確な目的もないままに取得して、その後に、取得した資格を活かす方法も考えずに放置するのだとしたら、資格取得はキャリアに何の影響も与えないただの「肩書き」になってしまうでしょう。

しかし、自分の人生やキャリアの目的を定め、そのために必要なものを調べた結果として、何らかの「資格」の取得が必要だという答えが出たのであれば、そして取得後も積極的に「資格」を活かす方策を考えて、実際に行動に移せるのであれば、「資格」は立派な武器になります。

たとえば、皆さんのいる会社が「業績が悪化してリストラが始まった」としましょう。あるいは「このまま会社にいても出世の道がない」と感じているとしたら、考えるべきは、会社の外に出ても生きていく方法です。

うまく「転職」できればいいのですが、年齢も高くそれも難しいとなれば、「独立」できる「資格」を取得するのは悪い方法ではありません。

私の知る範囲内にも「税理士」資格を取って、サラリーマンやOLから独立された方がいらっしゃいます。

ただし、ここで考えてほしいのが競争相手の存在です。仕事はたくさんあったとしても、それを請け負う税理士や税理士法人の数も無数にあります。

そのなかで、自分が生計を立てられるだけの仕事を新規に受注できるかどうかは、皆さんの営業の腕前や市場開拓のマーケティング力にかかっています。「資格」さえあれば独立開業が成功する、とは考えないほうがいいでしょう。

たとえば、とある税理士さんは、ＭＢＡを取得して節税に強い経営コンサルタントとしてアピールしました。このように「資格」を利用して、市場のニーズに応えられるような新しいサービスを企画開発できるなら、これほど強い武器はありません。

「資格」を取得するなら、とりあえず資格でも、ではなく、その資格を利用して○○してやるんだ、という強い意志をもって受験に取り組みましょう。

試験の合格率は、税理士で15～20％、行政書士で10～15％、社会保険労務士で約2～7％と、決して高いものではありませんから、強い意志がなければなかなか合格にもたどりつけないものです。

取得した資格や学歴をどう活かすか

社会人の学び直しだといって、資格の取得に飛びつく前に考えていただきたいのは、何のために学び直しをするのか、その学び直しをした結果、何を得たいのかです。

独立したい、起業したい、違う職種にキャリアチェンジしたい、違う業界で働きたい、転職したい、今の会社で昇進したい、などといった明確な目的があるのならば、資格取得をはじめとする学び直しはもちろん有効でしょう。

しかし、リストラが不安だ、出世競争に取り残されたくないといった漠然とした思いだけで、がむしゃらに学び直しに向かっても、長続きはしません。

まずは、自分の現状をよく見て把握してみましょう。

もしあなたが20代の新人～中堅社員だとするならば、特別に会社から求められているのでもない限り、仕事においてやるべきことはおそらく学び直しではなく、仕事の精度を上げていくことと、後輩の面倒を見て、コミュニケーションの架け橋となることです。まだまだ実地で学ぶこと、覚えることがたくさんあるはずです。もちろん、プライベートで教養を高めたり趣味を深めたりする勉強は自由です。

もしあなたが30代で仕事にも慣れてきたのであれば、会社の外に興味を持つのは世界を広げる一つの手段です。そのための方法として教育機関での学び直しを選択してみるのもよいでしょう。

ただし、何を学ぶかについては注意深くなってください。本当に自分の興味のあること、もしくは会社において必要とされていること、起業を前提にするのであれば市場性があること、などを選ばなければ、長続きせずにお金の無駄になります。

もしあなたが40代で、会社の中での自分の役割や仕事が大きくなってきたとき、あるいは将来が見えてきて、リストラ対象者になる不安も抱えているのだとしたら、今後のために何かを考えるべきときです。

日本ではここ30年近く、大手企業などで恒常的にリストラが続いています。２０２０年5月も、新型コロナウイルス感染症の流行で外出自粛が続いたことから、外食チェーンの「ロイヤルホスト」を運営するロイヤルホールディングスが、不採算店70店舗程度の閉鎖を発表しました。

鍋料理の「うどんすき」で知られる和食店「美々卯」も東京の６店舗を運営する東京美々卯の会社解散と従業員約１００名の解雇を決定しました。

コロナ禍以前にも、２０１９年10月には、セブン-イレブンやイトーヨーカドーなどを傘下に持つセブン＆アイ・ホールディングスが過去最高益を叩き出しながらも、不採算店１０００店舗の閉鎖・移転と従業員約３０００人の削減を発表して、波紋を呼びました。

東京商工リサーチによれば、2019年（1月～9月）にリストラを実施した上場企業は27社で、その人数は6年ぶりに1万人を超えました。

2020年は、新型コロナウイルス感染症の流行があったのでさらなる増加が予想されています。厚労省がハローワークを通じて行った集計によれば、解雇・雇い止めにあった労働者は7月末時点ですでに4万人を超えていました。

ちなみに、会社がリストラの対象として想定するのは、人件費が高く、新たな環境への適応が難しい50代です。つまり、40代で脂が乗っている今なら、将来のリストラに備えて準備することが可能です。

サラリーマン・OLの方は、まず今の会社で最後までがんばるのか、それともいずれ退社を前提として新たな道を探すのか、いつかは明確にするのがよいでしょう。どちらが正解というわけではなく、人によって選ぶ道は異なると思いますが、いまの時点でまず決断をしておくことが、当面の焦燥感や不安を落ち着けます。

定年まで会社でがんばるにしろ、転職や独立を選ぶにしろ、そのために必要なのは会社や他人にアピールできる武器です。この武器を身につけるのが「新しい学び直し」です。

学び直しに取り組むと、その結果として何らかの資格や修了証書が手に入ります。これは「ただの紙」ではありません。大事なのは修了証書そのものではなく、学び直しをとおして身につけた実力と自信です。

試験に合格して資格を取得した方は一様に「自分に自信がついた」と語ります。なぜならば、学び直しに取り組む前は、勤めている企業からの評価という、たった一つの価値観しかなかったところに、資格の取得という新たな価値観での評価が得られたうえに、それによって世界が広がったからです。そのため、最初は独立を考えていなかったのに、資格取得をきっかけとして独立に踏み出す人もいます。

資格コンサルタントの高島徹治さんは、その著書『40歳からは「この資格」を取りなさい』において、資格取得は、①自分に自信をつけて、②会社への依存心を薄くして、③将来への不安を和らげると、三つの効果を挙げています。

50代以上のシニア予備軍はセカンドキャリアの準備をしよう

すでに50代になっていて、もしかすると役職定年で給与も下がり、あとは退職するだけと見られている方も、学び直しによって生き方を変えられるかもしれません。

その会社における明るい未来がない方でも、少なくともまだ退職されていないのであれば、次のキャリアを見つけるための準備期間があります。退職金という名目でまとまった金額の準備資金を手に入れることもできるでしょう。

勤めている会社で明るい希望などは持てなくなっても、心配ご無用です。人生100年時代といわれる現代では、60歳で定年となったあとの人生は、会社に勤めていた時間と同じくらいあるのです。

そこで、定年後の人生をセカンドキャリアと呼んでポジティブにとらえていく見方が現在では一般的になりました。

シニアライフアドバイザーの松本すみ子さんが監修する書籍『55歳からのリアル仕事ガイド』では、定年後に人材会社を起業して成功した方、フリーランスでキャリアコンサルタントになられた方、53歳で取得した中小企業診断士の資格を活かして中小企業の海外進出を支援している方、専門学校で学び直して介護福祉士資格を取得し、学ぶのが楽しくなってさらに学生を続けている方、好きだったカレー屋を開いた方、地域でボランティア活動に従事する方、田舎に移住して農業に取り組む方など、40人のセカンドキャリアを紹介しています。いずれも、とても活き活きと働いています。

セカンドキャリアを楽しんでいる人に共通しているのは、若い頃と同じような働き方を求めていないことです。自分が最も稼いでいた頃と同額の年収を得ようとすれば、肉体的にも精神的にもどうしても無理が出てきます。

そうではなく、多少とはいえ年金もあるし、がつがつと稼ぐのではなく、好きなことをのんびりと自分のペースで楽しめばいいと考え方をシフトするのが、セカンドキャリアで成功するコツです。もちろんそのように考え方を変えるためには、積み重ねてきた人生経験からの気づきが必要です。

50代以上の中高年が持つのは長年の人生経験から得たノウハウと人脈です。一方で、失うものもあります。それは退職によってなくなってしまう肩書きと名刺です。この肩書きと名刺を新しく更新するのが、資格の取得です。

どんなに有名な会社の部長でも、退職したらただの人です。自己紹介で「私は元○○の部長です」と名乗ることほどむなしいものはありません。しかし「家電製品アドバイザーの資格を持っています」とか「インテリアコーディネーターの資格を持っています」と自己紹介できれば、そこから話が弾むかもしれません。何よりも、ただの定年退職者というよりも他人の印象に強く残ることができます。資格の取得は、定年退職者に新たな肩書きを与えてくれるものでもあるのです。

女性にとっては資格取得が大きな武器になる

2015年から女性活躍推進法が施行されて、女性にとって働きやすい環境が広がってきていますが、法律の整備が現実社会を変えるまでにはタイムラグがあります。

特に、平均年齢の高い、昭和を感じさせる中小企業の場合、どうしても経営陣の価値観が旧弊なままで「女性はアシスタント」「女性は結婚や出産があるから戦力にならない」「女性は残業できない」などと無意識に感じている人がまだ残っている感じがあります。

そのような偏見にさらされがちな女性にとって武器となるのが「新しい学び直し」です。古くなったスキルを更新したり、あるいは資格という目に見える評価を身にまとうことで、仕事に対するやる気が十分にあることをアピールできます。

実際に、子どもが小学校に上がって時間ができてから、仕事に関連して簡単に取得できる資格を取った女性は、会社からの評価が上がったとうれしそうに話してくれました。高齢者の場合と同じく、資格は肩書きとして無言のアピールになるからです。

このように、資格取得は独立や転職だけでなく、社内での地位を上げるのにも役立ちます。自分から積極的に仕事に関連する勉強をしたということは、その資格が実際にどれだけ役に立つかどうかとは別に、熱意を人事担当者に示すことができるからです。

また、企業によっては資格取得者にお祝いとして報奨金を渡したり、継続的な資格手当てを支給したりするところもあります。特に、宅地建物取引主任者とか、社会保険労務士とか、業務独占資格で、その資格取得者がいないと仕事が進まないような場合には、積極的に資格取得を奨励しているはずです。

仕事とは別に通学したり、みんなが休んでいる休日に独学したりは確かにつらいことですが、ここでがんばればそれなりの見返りが得られることを信じて、学び直しを検討してみてください。

資格コンサルタントの高島徹治さんによれば、資格取得者には「ハロー効果」と「キャリアアップ効果」の二つのご褒美があるそうです。

ハロー効果とは、その資格の肩書きだけで「すごい」と見られることです。私たちだって、仕事相手が「ＭＢＡを持っています」とか「実は気象予報士なんです」と言えば「すごいですね」と言いたくなることでしょう。

キャリアアップ効果とは、あいつは「簿記２級」を取ったらしいからこの仕事を任せてみようとか、社会福祉士の資格を持っているならケアマネージャーの仕事に就けますよといった具合に、資格が呼び水となって仕事が広がっていくことを指します。

就職氷河期世代も学び直しからの就職を

現在の30代および40代の世代は、バブル景気崩壊後の「失われた20年」のまっただなかに大学を卒業したために、新卒での就職時に十分な正社員の採用枠を見つけることができず、就職氷河期世代と呼ばれています。

ほかの世代と同じように生きてきたはずなのに、社会状況の割を食った就職氷河期世代に対し、私たちの社会は十分な補償を与えることができませんでした。そのため、現在もなお非正規雇用やフリーターといった立場で苦しんでいる方々がたくさんいます。

遅ればせながら現在、政府はようやく就職氷河期世代の救済に乗り出しました。

たとえば、2019年12月の報道によれば、政府は就職氷河期世代の就労支援を強化するために、2020年度までに600億円以上を投入する方針だそうです。この予算は、職業訓練の交通費や奨学金返済への支援、中央省庁の採用枠拡大などに使われます。

文部科学省は、学校への勤務経験がない教員免許保有者にも再度のチャンスを与えるため、教員免許の更新講習の受講を認める方針を打ち出しました。現在の日本では中高年になりつつある就職氷河期世代の活用が急務となっています。

この背景にはますます進行する人手不足と、労働人口の減少、スキルや知識の陳腐化に伴う再教育の必要などがあります。

少子化で労働人口が減少するなか、役所や企業は人手不足を補うために、これまで十分に活用されてきたとはいえない人材の積極的登用を考えざるを得なくなりました。

それが、高齢者、女性、就職氷河期世代の中高年です。

2019年度、リクルートキャリアなど大手人材紹介会社では、41歳以上の中高年の転職紹介数が初めて1万人を超えたそうです。これは6年前の3倍の人数にあたります。

一方で、早期退職など上場企業の人員削減も、2019年度は1万人を超えました。新型コロナウイルス感染症の流行で、2020年度はさらに増加する見通しです。企業は、給与水準の高い中高年正社員をリストラし、コストパフォーマンスの高い非正規の中高年、女性、高齢者に置き換えることを推進しています。

リストラといえば、昔は赤字でやむを得ずというイメージがありましたが、現在のリストラは黒字であるにもかかわらず、将来を見越しての事業再構築となります。

アステラス製薬やエーザイ、カシオ計算機といった業績好調企業が、いわゆる「黒字リストラ」を推進しているとして話題になりました。2018年にはNECも、中高年の早期退職者を募集する一方で、2019年には、優秀な新卒には年収1000万円をオファーする可能性があると発表して話題になりました。

これは優秀な人にとっては逆にチャンスになります。

NTTコミュニケーションズも、ソフトウェアエンジニアやデータサイエンティストなど、必要とされている専門分野で高い能力を持つ人材は、中途採用でも最高3000万円の年俸を提供する可能性があるとしています。

富士通も、最大で年間4000万円の報酬を支払う制度を新設しました。外資系グローバル企業との競争もあり、市場価値の高い人材の待遇はうなぎのぼりです。

そこまでいかなくても、現在、企業で必要とされているAIやITのスキルを学び直しで身につけることで、誰でもよりよい就職先や転職先を見つけるチャンスが広がります。

現在、各企業の採用担当者、あるいは研修担当者はリカレント教育に熱い視線を送っています。

リストラができない企業では、中高年社員の再生が急務となっているのです。日清食品は50歳以上の非管理職社員を再登用するリバイバル制度を創設し、太陽生命保険は役職定年を廃止するとともに定年を65歳まで延長して、中高年社員のモチベーションを高めようとしています。

このような研修プログラムの担い手として、脚光を浴びているのが大学や専門学校などの教育機関です。本書の第4章でも紹介しているように、企業向け研修プログラムを開発する学校が増えて、企業と教育機関との連携も進んでいます。

そうしたなか、早稲田大学は、生涯学習機関のエクステンションセンターとは別に、現役のビジネスパーソンを対象としたWASEDA NEOを2017年に東京・日本橋にオープンしました。現状に満足せずに『何かを変えたい』と考えるパイオニア志向の人材の学びと交流の場というコンセプトで、企業内研修では得られない、「異業種間のコミュニケーションによって生まれる発想力」を、履修生が互いに磨き合うことを目的としています。

朝の1時間（7時20分～8時20分）を有効活用し、すぐその日のうちから使える技術を身につけ、志が同じ異業種の者同士のコミュニティの場となる、朝活講座（日本橋ブレックファーストセミナー）を開講していることでも注目されています。

「資格」「ノウハウ」「スキル」「経歴」で考える、これからの人材ニーズ

「資格」は強力な武器ではありますが、キャリアのすべてが「資格」だけで決まるわけではありません。それぞれの仕事には「資格」のような誰の目にも見えるかたちでは表せない経験知によるノウハウやスキルがありますし、それらは「経歴」からある程度は類推で

きます。

長年、再就職支援に携わってきた、NPO法人キャリア・マネージメント・カウンセラー協会の岩尾啓一理事長は、社会人の学び直しについて、次のように語ります。

「取得したい資格・習得したいスキルの、自分なりの運用を考える必要があります。資格とは、取ったら道が開ける、というものではありません。しかし、取得者が多く競争が激しい資格であっても、他のスキルと結びつくと、大きなビジネスチャンスとなり得ます。たとえば、現在、日本にはたくさんの外国人がビジネス目的で入国しており、『契約書』を作ったり、『公共機関』に書類を提出したり、『国籍』を変更したりなどの場面で、日本独特の書類文化に苦慮している現状があります。そこで、『語学』の資格を持ち、国際感覚を持った『行政書士』が求められています。『語学』＋『行政書士』が新たなニーズを生み出しているのです。つまり、『起業する人』、『社内でキャリアアップを目指す人』、どちらも、その資格で何をするのか、ニーズはあるのか、今後どうなるのかを絶えず考えていく必要があります。どんな資格においても、まず資格ありき……ではなく、その資格によって得られるものは何かを、明確かつ具体的に考える必要があります」

一つの資格だけではなく、他の「資格」や「スキル」と組み合わせるダブルライセンスで、キャリアアップやキャリアチェンジの可能性が広がります。

なかでも特に汎用性が高いのが「語学力」です。語学力というと、すぐに英語が思い浮かびますが、数多くのスピーカーがいる英語よりも、その他の言語のほうが市場をつかむ可能性が高くなります。

なぜならば、今後の日本において、政府は外国人の雇用を将来的に推進する方針であり、日本語の得意でない外国人からのニーズが高まると考えられるからです。特に「中国語」や「タイ語」、「フィリピン語」などアジア系の言語が話せることは、競争の激しい士業において非常に有利だと考えられます。外国人は絶対数が日本人よりも少ないですが、日本語が得意でないため、資格を持っている人に代行業務を依頼する率は、日本人より高いと思われます。

なぜかといえば、日本で就職したり起業したりする際に、各種の労働許可や営業許可などを日本人同様に取得する必要がありますが、日本の法律用語に対する習熟がないと自力ではなかなか困難だからです。

ですから、国籍の取得や、紛争解決、営業許可、不動産取引など、弁護士・行政書士・司法書士・宅建士などは語学力と組み合わせると有利になりますし、歯科衛生士・看護師などの医療職に関しても、日本の医療水準を高く評価している海外富裕層にニーズが発生しているので、語学力を磨くことで仕事の引き合いが多くなります。

また、語学力だけでなく、近い分野の資格を重ねて取得することで、守備範囲が広がって仕事を得られる確率が高まります。

たとえば「社会保険労務士」と「キャリアコンサルタント」の資格を持っていれば、企業内の人事部門などにおいて、労務管理から社員研修までワンストップで担うことが可能になります。また「キャリアコンサルタント」と「臨床心理士」など心理系の資格も、お客さまの相談に乗る際に役立ちます。

さらに「ファイナンシャルプランナー」などは資産管理という点で、「宅建士」との親和性も高いです。

そのほか、「簿記」と「ITパスポート」の資格を同時に持っていれば、経理系のシステムのメンテナンスなどが可能になりますし、「介護福祉士」と「管理栄養士」の資格も、福祉施設の栄養管理に非常に役立ちます。

さらに、「栄養士」「管理栄養士」「製菓衛生士」「調理師」などは、「フードコーディネーター」の資格を持つと幅が広がるそうです。

近い分野だけでなく、一見、遠く感じられてもシナジーのある組み合わせもあります。たとえば「介護系の資格」は高齢者の生活全般に関わるため、多様なニーズが発生します。「美容系」の資格を持っていれば、高齢者に配慮のできる美容師として活躍できますし、障害を持つ児童のケアという点で教職との組み合わせも有利に働く可能性があります。

「資格」同士の組み合わせ、いわゆるダブルライセンスだけでなく、自分の持つ「経歴」や「スキル」と「資格」を組み合わせることで活躍している人もいます。仕事で人事や経理を担当してきた方は「社会保険労務士」の資格を取得するだけで、実務経験豊富なベテランとして信頼されますし、中小企業で長年苦労してきた経営者が「中小企業診断士」の資格を取得して、コンサルタントに転身した例もあります。

学習の目的はスキルの獲得だけではない。マインドとの両輪が必要

リカレント教育というと、スキルの習得ばかりをイメージされる方が多いようです。社会人に「何を学びたいですか？」と聞くと、返ってくる答えはたいてい「語学」と「資格」です。これらはペーパーテストで達成度を判定できるという意味で、明確に「お勉強」できるスキルです。

私たちは何年もの学校教育と受験を経てきているために、教育と聞くと、何かを暗記してペーパーテストに正答を埋めていくことをまっ先にイメージしてしまうのです。

リカレント教育が、政府の必死の旗振りにもかかわらず、いまひとつ盛り上がっていないとしたら、それは多くの人が受験勉強やペーパーテストに戻りたくないと思っているからではないでしょうか。

私たちは学習と聞くと、知識だとかノウハウだとか、そういった文字や言葉で伝達できるようなスキルの習得をイメージしますが、それは学習の一部でしかありません。

剣道や茶道や合気道といった日本古来の武術や作法を学んだことのある人ならわかって

［図表１］

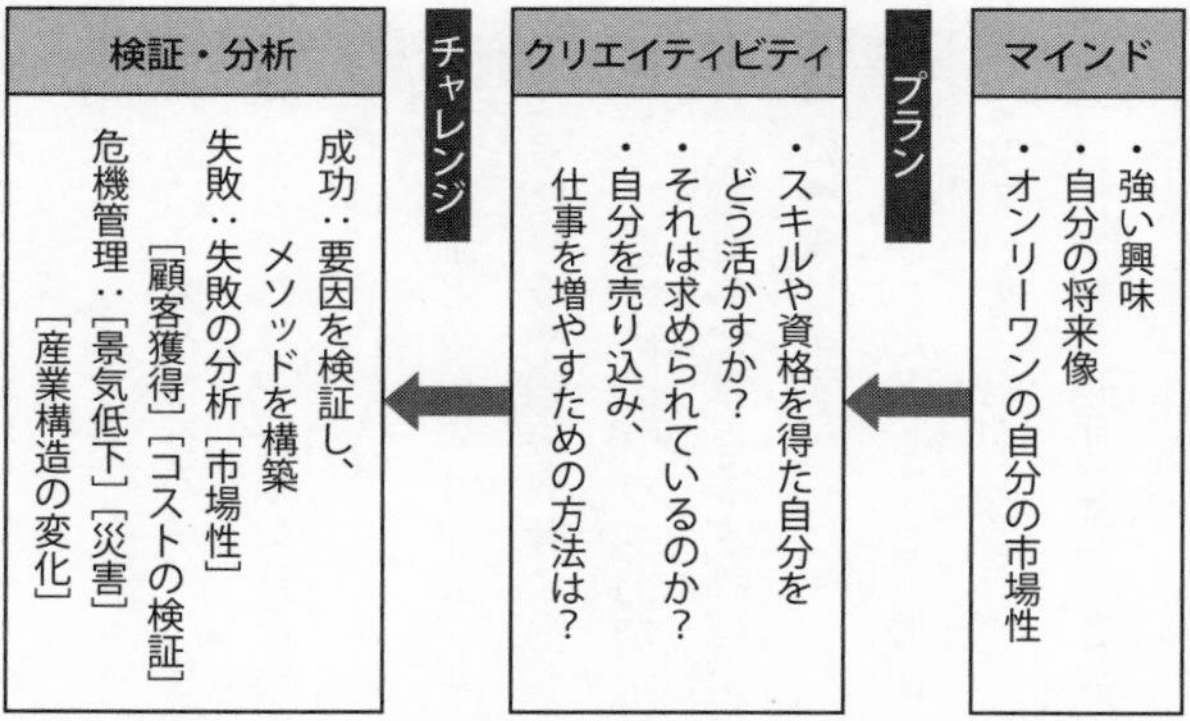
マインド
・強い興味
・自分の将来像
・オンリーワンの自分の市場性
プラン
クリエイティビティ
・スキルや資格を得た自分をどう活かすか？
・それは求められているのか？
・自分を売り込み、仕事を増やすための方法は？
チャレンジ
検証・分析
成功：要因を検証し、メソッドを構築
失敗：失敗の分析［市場性］［顧客獲得］［コストの検証］
危機管理：［景気低下］［災害］［産業構造の変化］

いただけると思いますが、そこで教わるのは知識やノウハウといったスキルだけでなく、礼儀や所作や空気といった、文字や言葉では簡単には表しがたいものを含んでいます。英語でいえばマインド（精神）となるでしょう。

　新型コロナウイルス感染症騒動で学校が休校になったときに、オンライン講義に難を示す教育関係者が多かったのは、一方通行のオンライン講義ではスキルは教育できても、マインドまでを教育することができないと感じたからに違いありません。

　人間を成長させるのはスキルとマインドの両輪がそろったときです。スキルだけでマインドがなければ正しいスキルの使い方を身につけることができませんし、マインドだけでスキルがなければ実際に何かを達成することができません。

スキルの前に必要となるのが、なぜ勉強するのかを決定するマインドです。何かに対する強い興味であったり、将来なりたい姿であったりが、その人のマインドを形成します。

大人の学びは、ＰＤＣＡサイクルになぞらえていえば、マインドの形成、プランの策定、チャレンジ、検証と分析の４つのフェーズをたどります。

自分のなりたい姿や強い興味に沿ってマインドが形成されたあとは、具体的なスキルや資格に落としこむためのプランの策定が必要です。スキルや資格などをどう活かすのか、自分を売り込むためにはどうすればよいかを考えて、実際に社会の中でそのプランを試すチャレンジにつなげます。

実際の行動に移したとしても、最初はたいてい失敗しますから、その失敗を分析して再チャレンジしていくことが必要です。いわば仕事におけるＰＤＣＡサイクルのように、計画と実行と分析を繰り返すこと、これが私たちの考える大人の学びです。

［第3章］

「新しい学び直しでより良い仕事を手に入れた」体験者の証言

会社を辞めての留学でキャリアチェンジした話

Aさん（女性・外資系グローバル企業勤務）

新卒で入社した人材サービスの会社を5年目に退職。アメリカの大学への社会人留学から現地でそのまま就職するなど大きくキャリアを変えた女性にお話をうかがいました。

Q：どのような経緯で留学を決意されたのですか？

A：会社員として勤務するなかで、自分が正しいと思うことや、自分がしてほしいと思うことをできる人でいたいという価値観が醸成されていきました。逆にいうと、間違っていると思うことや自分がしてほしくないことはしない、正しいかどうかわからなければ少なくとも自分が納得できるまでは確かめる、という姿勢でいたいと思いました。ただ、会社員として働きながら、常にそれを実現できる状態でいるのは結構難しいと感じていました。実現するためには、採用マーケットでそれなりに売れる人材にならないと無理ですし、それなりに売れる人材になるためには、わかりやすいスキルを身につけるか、キャリアに希少性をもたせないといけないと思い、留学という手段を考えました。

Q：アメリカに留学してビジネスと英語を学ぶことで、マーケットで必要とされる人材になろうとしたのですね。普通の会社員にとって留学はなかなかハードルが高いと思いますが、なぜその選択をされたのでしょうか？

A：もともと新卒で内定をいただいたときは「君は編集部だよ」と言われて就職したのですが、実際に研修後に配属されたのは自社サービスの利用促進をしている部門でした。その後、新規事業の立ち上げを担当して、ある程度は軌道に乗ったので、会社を辞めるのに未練はありませんでした。逆にいま辞めなければ、ずっとこのまま辞められないと感じたので思いきって決断しました。私自身はどちらかというと現状維持が楽な人間で、あまり大変そうなことはしたくないのですが、当時読んだ本に「新しいことを始めるときに、不安を感じるのは当たり前。大切なのは、恐怖心や不安を取り払って考えたときに、やりたいと思えるかどうか。やりたいと感じたことをやるべき」と書かれていたのに共感しました。もともと海外旅行が好きでしたし、親戚や友人にも留学している人が多かったので、それほど敷居は高くなかったです。ただ、英語は決して得意ではなかったので、この機会に英語をマスターするぞという感覚でした。

Q：英語ができないと留学も難しくなりますよね。勉強はどうされたのですか？

A：会社を辞めたあと、雇用保険の失業給付をもらいながら、教育訓練給付金（151ページ参照）で受講できる大学の講座で、3カ月間、経営や経済の勉強をしました。その後、留学の下見を兼ねて、ロサンゼルスの語学学校に1カ月半の短期留学をしました。会社を辞めてから留学するまでに半年間くらいあったので、英語はその間に死ぬ気で勉強しました。TOEFLで一定の点数を取らないと留学が認められないので必死でした。

Q：留学先はどのように選びましたか？

A：英語とビジネスの勉強をしたかったので、英語が母国語で、ビジネスが一流の国ということでアメリカを第一候補にしました。また気候が良くて住みやすいところが良かったので、西海岸のロサンゼルスの学校から選びました。短期留学中にいろいろ見学に行って、結局UCLA(University of California, Los Angeles)の社会人向けコース(1年間)に決めました。専攻はもともと興味があった広告・マーケティングです。

Q：留学後はどのようなキャリアになったのでしょうか?

A：もともとは1年間の留学後に帰国して就職するつもりだったのですが、1年間ではビジネスで通用するほどの英語力は身につきませんでした。また、留学生は学んだことに関連する就労ビザを安価に取得できることを知り、それだったらアメリカで働いてみようと、現地の広告代理店でインターンシップをさせてもらいました。英語力が十分でないので、現地の会社に雇ってもらうのは難しいのですが、ほとんど無給のインターンシップであれば受け入れ先は見つかります。インターンシップでも1年間の就労ビザは得られるので、そこでビザを得て、働きながら職探しをしました。運良く、現地の人材紹介会社に就職できて3年間のビザを新たに得られたので、そのまま長く働くことになりました。ビザを一回延長して6年間働き、次の更新時期にあたってほかの会社でも働いてみたいと思って転職活動をしたところ、たまたま外資系グローバル企業の日本法人に内定をいただいたので、帰国することになりました。結局、8年くらいアメリカに住んでいたことになります。今の会社はどんどん成長しているので、毎年のように同僚や仕事の担当領域が変わって新しい経験を積めるのが良いと思います。入社して6年目になりますが、まだしばらくはこの会社にお世話になると思います。

Q：振り返ってみて留学という選択は成功だったのでしょうか？

A：やはり外国は言葉も文化も日本とは違うので、日本では当たり前にできていたことが、簡単にできなかったり、また、さまざまな法律が外国人のために作られていなかったり、日本にいたら考えもしなかったことを実感させられました。ですから、ただ楽しいだけではなかったですが、留学したことがアメリカでの就職や人脈につながり、今の仕事や考え方にもつながっているので、最終的には行って良かったと思います。留学するかどうか悩んでいる人には「やりたいと思ったことをやるべき」と、私が留学する決め手になった本の言葉を伝えたいです。

独立起業のために資格取得をがんばった話

Bさん（男性・社会福祉法人理事長）

大学受験に失敗して浪人生活を送っている途中で病院に就職。その後、看護師資格を取得したものの看護師として働くことはなく退職。男性の波乱万丈な人生の帰結は、知的障がい者のための社会福祉法人の設立でした。

Q：3年間看護学校に通って看護師資格を取得したのに、看護師にならなかったそうですね。どうしてそういうことになったのでしょうか？

A：私は九州出身ですが、大学受験に失敗し、高校卒業後は大阪で浪人生活を送っていたんです。その頃、友人に紹介された病院の救急外来でアルバイトを始めました。仕事はとても楽しく、目をかけてくれていた病院長の「うちに就職しなよ」という言葉をきっかけに、大学進学をやめてそのまま事務職員になりました。病院ではみんなにかわいがってもらっていて「うちは看護師手当てがあるから、資格を取れば給料が上がるよ」と教えてもらい、看護学校に通いました。しかし本当に看護師になりたかったわけではなかったため、資格を取得しても実際に看護師として働くことはありませんでした。

Q：大学進学とか資格取得を目標にする人は多いのですが、そこにはさほどこだわっていないのですね。逆に言うと、それだけ勉強ができたということだと思います。仕事には満足できたのでしょうか？

A：仕事自体はとても楽しく充実していました。しかしふとこれまでの生活を振り返ると、都会での暮らしは楽しいのですが、落ち込んだときにとても孤独を感じることがありました。長年暮らしていても、自分の居場所がないような気持ちになるんです。28歳くらいのとき、たまたま九州にいる兄から「帰っておいでよ」と言われたこともあり、地元の病院に転職しました。ところが、この病院では人間関係に苦しみました。上司との折り合いがつかず、毎日がストレスでした。それでも、結婚して子どもが産まれていたのでなんとかがんばっていたのですが、毎日、覇気のない顔で帰宅する私を見ていた妻が「辞めていいよ」と言ってくれたんです。本心では生活に対する不安が大きかったはずですが、私の思い悩んでいる姿が心配だったんだと思います。32歳のときでした。

Q：辞めるといっても次の仕事が決まらないと難しいですよね？

A：そうですね。自分なりに感じていたのは、事務職員としてどれだけ仕事ができても、結局病院という組織の歯車にしか過ぎないということです。医療業界は完全なピラミッド型で、医師をはじめとするトップ層の下は、自分の裁量や能力を活かすことなく同じ作業を繰り返す日々でした。極端にいえば、あまりやりがいもなく、自分は組織の一員として働くのは向いていないのではないかと考えていました。それならいっそ、思いきって自分で何かを始めてみよう、と決意したんです。そのとき相談に乗ってもらったのが、福祉行政に携わっていた伯父でした。もともと福祉に関心があったこともあり、また、社会福祉法人の場合は認可を受けることができれば国からの補助金を活用できると知って、福祉事業の立ち上げを決心しました。

Q：起業で社会福祉法人の設立を考える人はなかなかいませんよね？

A：そうですね。社会福祉法人の場合は補助金を受けることが可能です。そのため、当時は設立の審査が厳しかったんです。私自身、準備を始めてから実際に認可を受けるまでに3年かかりました。またその間、設立に必要な資格の取得と勉強にも取り組みました。当時、私には福祉に関する知識がまったくといっていいほどありませんでした。そこで、施設の運営に必要な社会福祉施設長の資格取得を目指して、専門学校の通信教育制度を利用し勉強を始めました。この資格と合わせて、社会福祉主事も取得しました。しかしこれらの資格を取得したからといって、法人や施設設立の認可が下りるわけではありません。苦労は尽きませんでした。

Q：仕事を辞められたとのことで、生活も大変だったのではないですか？

A：それまで専業主婦だった妻がパートに出て支えてくれました。本心では安定した生活を望んでいたと思いますが、あまりにつらそうな私の姿を見て、後押しすることを決心してくれたんです。生活費のやりくりもままならない大変な状況でしたが、それでも「これからあなたは人と会う機会が多くなるから」と、妻がスーツをプレゼントしてくれたことがありました。たった1万円のスーツでしたが、うれしくて、数年にわたって着倒しました。妻の支えがあったからこそ、踏ん張ることができたんだと思います。

Q：それで、最終的には認可をもらえたのでしょうか？

A：はい。当時は認可が下りる施設の建物は、建設費用の6割ほどを補助金で補うことができました。それで、私は知的障がい者の就労訓練施設（当時の名称は授産施設）を立ち上げました。ところが、本当に大変なのはそれからでした。施設を建てることが第一の目標だったため、経営に関することはほとんど勉強していなかったのです。施設の建設はあくまで経営者としてのスタートに過ぎないのだと遅ればせながら気づきました。もちろん綿密な事業計画などもありませんから、当初は利用者さんを集めるために必死で働きました。

Q：社会福祉法人といえどもノーリスクではないということですね？

A：もちろんです。就労訓練施設はたくさんありますし、評判が良くなければ利用者さんは私の施設を選んでくれません。選ばれる施設となるには、実際に利用者さんやその家族とお会いして、信頼関係を築いていくことが大切です。最初の3年ほどはがむしゃらでした。やがて落ち着いてくると、今度は会計のことがまったく分からないことに気づき、簿記の勉強を始めました。簿記の資格を取得すると財務諸表も読めるようになり少しずつ経営状況が見えるようになりました。また、近所のパソコン教室にも通い、必要なスキルをひととおり身につけました。四十の手習いです。

Q：その勉強に対する熱意はすばらしいですね。どこから湧いてくるのですか？

A：いずれも自分にとって必要なものだったのでがんばることができました。学校の勉強もそうですが、誰だってやらされていたら本気になって取り組まないですよね。自分が必要だと感じたからこそ、難しい資料だって読むし、資格取得にだって前向きに取り組むことができるんだと思います。

Q：福祉業界への転職や福祉業界での起業を考えている方にアドバイスはありますか？

A：私自身、崇高な理念をもってこの仕事を始めたわけではなかったのであまり偉そうなことは言えませんが、20年間この業界で働いてきて感じることがあります。言い尽くされている言葉ですが、福祉には心が大切だということです。まっすぐに私に向き合ってくれる利用者さんの姿から、福祉という仕事の本質を教えてもらいました。その姿に自分の気持ちが動かされたんです。利用者さんのなかには、突然親御さんが亡くなって一人になってしまったり、家庭の事情で遠い身内に引き取られていったりする方も少なくありません。慣れ親しんだ環境から離れなくてもいいようにグループホームを作るなど、利用者さんの状況に合わせた事業展開に取り組んできました。施設経営の継続性を図るために利益を上げていくことはもちろん大切です。しかしそれ以上に、時には損得勘定を度外視して利用者さんのために動くことができるようにならなければ、福祉施設の経営者とはいえないと思います。現在、福祉業界は規制緩和によって経営主体が多岐にわたり、ビジネス性が重要視されつつあります。もちろん、ビジネスの観点は必要です。しかし、福祉業界で働くことを考えている方は「利用者さんにどのような福祉を提供したいのか」「利用者さんとともに歩んでいく覚悟はあるか」ということを、ぜひ自分に問いかけてほしいと思います。そして、志をもつことはとてもすばらしいことですが、同時に、起業とはすべてが自分の責任のもとで行われるということを決して忘れないでください。

自らの興味から取得した資格が転職に役立った話

Cさん（女性・銀行勤務）

資格はその名称が大事なのか、それとも実質が大事なのか。もちろん、どちらも大切なものです。名称と実質の両方に惹かれて資格取得を目指した女性は、その後、勉強で身につけた知識を活かしてキャリアチェンジに成功しました。

Q：FP（ファイナンシャルプランナー）の資格をお持ちということですが、資格を取得されたのはいつ頃のことですか？

A：もう20年くらい前のことです。大学の経済学部を卒業して、フリーペーパーを発行するマスコミの会社に就職して、入社3年目でした。就職するときには、マスコミに行きたいという気持ちと、ビジネスに関わりたいという気持ちがあって、ビジネスの最前線の情報をとれるところへ、と考えて選びました。経済部があったので入社を決めたのですが、入社したらその部署がなくなっていて、営業に配属になったのです。私が入社した年は、新卒が男女関係なく全員営業に配属された初めての年でした。しかし、男女平等が制度的に整っても、人間の意識が変わるまでには時間がかかるもので、お客さまと話すときに、女性営業はなかなか認められないというジレンマがありました。そこで、営業としての武器を身につけるために、ＦＰの資格取得を考えました。女性は数字に弱いという先入観がお客さまにあったので、数字に強いことを示す資格が武器になると思ったのです。また、実家通いだったので多少の貯金ができていました。そのままにしておくのはもったいないので何か勉強でもしようと思ったときに、ビジネスだけでなくプライベートでも必要なお金の知識を身につけるのがよいと思いました。営業としてお客さんに対して「お金のことをわかっている」と思ってもらうことがメインの目的だったので、資格取得後は名刺にも「ファイナンシャルプランナー」の肩書きを入れていました。

Q：ひとくちにFPといってもいろいろな資格がありますが、どれを取得しましたか？

A：当時は民間資格のAFPとCFPがあって、その後に国家資格のファイナンシャル・プランニング技能士ができました。AFPとCFPでは、AFPのほうが簡単で、AFPはすぐに受かったけれども、CFPはレベルが高くて難しかったので、時間がかかったことを覚えています。AFPを取ってからCFPにも挑戦したのは、AFPだけだと知識が浅く見られると考えたからです。AFPは、英検でいえば4級みたいな感覚で、履歴書に書いてもそこまで強みにならないと思いました。それに、せっかく勉強したからもっと箔をつけたいと、CFPまで取ることにしたのです。当時はCFP資格ができてからそこまで時間が経っていなくて、まだ合格者が少ない頃で実務経験もいらなかったので、マスコミ勤務のままでもCFPを取れました。今は実務経験も必要で取得が難しくなっています。国家資格のFP技能士はその後にできた資格で、AFPとCFPを持っていると取りやすかったので1級まで取得しました。

Q：CFPとFP技能士ではどちらのほうが有利な資格ですか？

A：目的にもよりますが、どちらも純粋に資格だけで食べていくことは難しいです。資格を取るのは銀行や保険会社でお客さんからの信頼を得られるからという人が多いですね。自分もせっかく資格を取得したので、FPとして保険や不動産の人と組んで勉強会をやったこともありましたが、利益があまり出ないので今はやめています。正直なところ、FPは相談料だけでは稼げないので、保険などの手数料で売上を立てなければ独立は難しいでしょう。あとは名前を売ってセミナーとか執筆とかで報酬を得ることですね。そうやってFPとして生きていくのであれば、日本FP協会の後ろ盾があるCFPのほうが有利かもしれません。協会に所属していると仕事が得やすいからです。私も、協会の相談会ボランティアや勉強会などに参加して、FP同士の横のつながりを作って情報交換しています。ただし、CFPは民間資格なので、2年に1回の更新が必要で、そのたびに課題提出して更新費用を支払う必要があります。いまは勤め先の銀行が維持費用を補助してくれていますが、銀行を辞めるときがきたら資格の更新もやめるかもしれません。名称としての資格であれば、国家資格のFP技能士だけで十分ですから。

Q：FP資格はその後の仕事で役立ちましたか？

A：はい。マスコミにいたときには「小・中学校で学んだことを大人たちがもう1回学ぶ場を提供したい」という先輩と一緒に新規事業を立ち上げるときにFPの知識が役立ちました。そのときは「リカレント」という名称はなかったけれども、私は、「生きていくのに必要な知識」としてお金の知識を学んだので、それをほかの女性たちにも学んでほしいと思い、お金の学校をやりたくなったのです。事業を始めるまでに講座の方向性は変わってしまったけれど、ビジネスに最低限必要なこととして、お金のリテラシーも盛り込みました。その後、会計知識を実践的に使えるようになりたいと考えて、会計大学院に進学して会計MBAを取得しました。それから2回転職して今は外資系銀行に勤めているのですが、FPや会計MBAの肩書きは転職時に採用側の安心材料になったと考えています。また、マスコミから金融機関に転職する人は少ないので、銀行内で認めてもらうのに学歴と資格が役に立ったと思います。プライベートでも、老後資金を貯めるのにマネーリテラシーは役立っています。FPの勉強会などで知り合った人たちでも実際に投資などをしている人は少なかったので、それではいけないと思って、株、外国為替、投資信託などひととおりは経験しました。

Q：総合的に見て、FPの資格取得はおすすめですか？

A：資格を取らなくても、お金のリテラシーを高めることは生きていくうえで絶対に必要です。日本では社会的にお金の話がタブーになっていることが多く、そのために金融リテラシーの低い人が多いと思います。ですからFPの資格をとるかどうかは置いておいても、それに必要な知識を持つことは大切です。親の死や介護など人生の節目で、有限なお金の使い方を間違えないようになります。資格という意味でいえば、FP資格は何かの専門性をサポートするものだと思っています。やりたい何かが先にあって、それを高めるための知識という意味です。お金のリテラシーがあると不安を減らすことができるので、人生が違ってきます。ですからお金の勉強をするために、FP資格取得をターゲットの一つにするのであればいいと思いますが、資格を取ったからといって、それだけで何かが起こるわけではありません。FPに限らず、会計士や税理士といった独立可能な資格を取得しても、ひとつの専門性だけで生きていける人は少ないでしょう。

たとえばライターがＦＰ資格を取得してお金に関する記事の品質を高めるといったように、何かと何かの掛け算で自分なりのものを提供していかなければならない時代だと思います。

定年退職後の人生を考えて早くから独立起業した話

土方雅之（ひじかたまさし）プロフィール

株式会社カレントカラー代表取締役社長。大手電機メーカーにてＢＰＭ（ビジネスプロセスマネジメント）方法論の設計と展開に携わり、ドイツでの世界的大会「プロセス・ワールド」でアジア初の「ビジネスプロセスエクセレンス賞」受賞。２０１９年、独立起業。

保有資格：TOGAF V9.2（2019）、上級システムアドミニストレータ（2005）、情報セキュリティアドミニストレータ（2004）、PMP（2002）、システムアナリスト（2001）、システム監査技術者（2001）、ネットワークスペシャリスト（2000）、プロダクションエンジニア（2000）、プロジェクトマネージャ（1999）、データベーススペシャリスト（1998）、アプリケーションエンジニア（1997）、第一種情報処理技術者（1994）

一部上場企業で部長職にあった土方さんは、50代を迎えて10年後の将来も活き活きと仕事を続けるためにはどうすればよいかを考えて、独立起業を決意しました。背中を押してくれたのは、それまでに取得した数々の資格と経験だったそうです。

Q：土方さんは数多くの資格を持っていらっしゃいますが、最初の資格取得の経緯を教えてください。

A：新卒で入社後にシステムエンジニアに配属されたのですが、仕事をしていくと次々と知らない言葉が出てきます。知らないことをそのたびに調べていてもいいのですが、業務上の経験だけでは「断片的な知識」しか身につかず効率が悪いので、「知識を身につける地図」を持つために資格取得を考えました。資格そのものが必要というより、その勉強をすることで体系的な知識を得ることが目的です。もちろん受験する以上は一回で合格したいので、残業でヘトヘトになっても、深夜までファミレスでさらに試験勉強するなどの努力をしました。

Q：業務命令でもないのにすごいですね。しかも何年かおきに新たな資格に挑戦していますね。そのモチベーションはどこから来たのでしょうか?

A：仕事をするのに必要だと考えたからです。また、平社員↓主任↓課長とステージが上がるごとに必要となる知識が増え、そのたびに最初は出口の見えないトンネルに放り込まれた気分になりましたが、資格試験の勉強で体系的に学ぶことによって、「確かに大変だけれど出口は見える」という安心感が得られました。それで、資格を取り続けていました。

Q：会社員の鑑ですね。資格手当などはあったのでしょうか?

A：なかったです。けれどもプロフェッショナル認定制度というものがあって、課長になったときに給与がいきなり部長クラスに上がりました。この認定を受けるには複数の公的資格の取得が必要でした。しかし、それを目的に資格取得したわけではなく、あくまでも知識の習得がメインです。体系的な知識を身につけると、他人がどこでつまずいているかがわかるので、人に教えることもできるようになります。上司の立場になっても安心でしたし、出世のスピードも速かったと思います。当時は副業が禁止されていたのですが、現在は解禁されているので、講師業などでお小遣いを稼いでいる資格取得仲間も増えていますね。

Q：それはよい話ですね。土方さんは独立して自らの会社の社長になられたので副業ではなく正業ですが、資格は独立にあたっても役立ちましたか？

A：すべてが役に立っていると思います。会社の後ろ盾もなしに、さまざまな業種・業態のお客さまにコンサルティングをする仕事なので、知識が偏っていると、自分自身でも不安になってしまいます。コンサルタントは先生と呼ばれる立場なので、不安があると100％の力を発揮しづらくなります。体系的な知識を持っていて、資格がそれを裏付けてくれるということは、未知の分野に挑戦する際の大きな自信になっています。

Q：お話をうかがう限り、土方さんは社内でも出世コースに乗っていたようですが、なぜ独立起業を決意されたのでしょうか？

A：時代が変わったからです。昔は年功序列の終身雇用で、ある程度の役職になれば子会社の要職への天下りもあって、50代で退社する人なんてめったにいませんでした。しかし今の日本の会社には全社員の終身雇用を維持する体力がありません。50代になるとセカンドキャリアを考えさせる研修があって、役職定年で立場や給料が下がるなど、外に出ることを後押しするようになっています。今の会社にいても60歳より先の未来がないと思ったときに、いつまでも気持ちよく働き続けるにはどうしたらよいかを考えて、独立起業を選びました。

Q：そうは言っても辞める同僚はほとんどいなかったでしょう。よく決心されましたね。

A：自分が本当にやりたいことは何かを考えたときに、マネジメントではなく技術を追求したいと強く思ったのです。日本にプロセス思考を広めていきたいと思ったので、たとえ収入が少なくなっても挑戦する価値はあると決心しました。

Q：そもそも自分が本当にやりたいことを見つけるのが難しいような気がします。土方さんがプロセス思考をやりたいと意識されたのはいつ頃なのでしょうか？

A：いま振り返ると、学生の頃からプロセス的なものが好きだったと感じるのですが、これはやはり大事なものだと思ったのが、2010年のドイツでの世界大会「プロセス・ワールド」です。私は英語が苦手だったので、自分の発表が終わったらさっさとホテルに帰りたかったのですが、中国やマレーシアからの参加者に「お前のスピーチ良かったぜ。アジアからの参加者は俺たちだけだから仲良くしようぜ」と話しかけられて飲みに連れていかれました。そこで皆さんがプロセスについて語っているのを見ていると「自分が好きなものが世界中でこうして認められているんだな」と胸が熱くなりました。しかし、参加者の多くが欧米からで、アジアからは私たち3組だけしかいなかったので「日本でもプロセスをきちんと普及させなければ」と使命感にかられたのです。日本はハイコンテクスト文化で、従来はプロセスを明文化するよりも、空気を読んで動くことが好まれてきました。しかし今は多様性が尊重される時代なので、プロセス思考ができる人が求められてきていると感じます。

Q：これをやりたいと思ったとしても、ビジネスに結びつけてお金を稼ぐのは大変ではないですか？　どのようにされたのですか？

A：プロセス思考のコンサルティングだけでは十分な仕事が得られないと思ったので、さまざまな資格と掛け合わせて、自分のオリジナリティを出しています。たとえば経営コンサルタントを名乗る人はたくさんいますが、プログラミングが堪能な経営コンサルタントは限定されます。さらにコーチングやファシリテーションの実務経験もあるとなれば、特定の顧客には重宝されるでしょう。そうやって自分の人生経験を活かしていけば、中高年での独立起業も可能になります。

Q：脱サラ起業を考えている人に何かアドバイスはありますか？

A：起業は、副業や転職に比べてリスクが高く、成果が出ない苦しい時期が続くことが当たり前なので、**モチベーションの維持が特に大事**だと思います。初めての脱サラ起業であれば、法人化の手続きや、自分が経験してこなかった戦略策定・マーケティング・経理・人事・ITなどで知識不足・経験不足がいっぱい出てくると思いますが、いまは世の中に勉強の機会が溢れているので、補うことはいくらでもできます。モチベーションさえ続いていれば、勉強はそれほど難しいものではありません。社会に出て直面する多くの問題は、どのように解決したら良いかすらわからないものが多いのですが、勉強はただ用意されたものを真面目にやっていけば良いだけです。私は昔、ドイツでの世界大会で英語でのプレゼンをしなければならなくなって、師匠に泣き言を言っていたら**「英語が苦手なら勉強すれば？　勉強ほど簡単なことはないでしょう」**と言われて、目から鱗が落ちました。会社経営では勉強よりも苦しくつらいことはいくらでもありますから、勉強するのが嫌だという人は起業には向いていないかもしれませんね。

専業主婦から社会復帰するために資格を取得した話

堀口恵子（ほりぐちけいこ）プロフィール

リカレントキャリアデザインスクール主任講師。キャリアとメンタルの両面から働く人を支えるをモットーに、リカレントキャリアコンサルタント養成講座講師、女性支援機関、人材ビジネス業界・リハビリ業界におけるキャリア形成支援、企業向けキャリア&メンタルヘルス研修講師等に従事。ACCN（オールキャリアコンネットワーク）東京支部支部長。

保有資格：2級キャリアコンサルティング技能士、国家資格キャリアコンサルタント、メンタルヘルスマネジメント検定I種。

一般企業に勤務したのち、退職、専業主婦、パートタイムの事務職を経て、現在、キャリアコンサルタントとして活動を続けている堀口恵子さん。「人生の経験の一つひとつに意味がある」と語る堀口さんに、キャリアについてお話ししていただきました。

Q：堀口さんのキャリアストーリーを教えてください。

A：一般企業で7年ほど人事部に在籍し、採用担当をしていました。そこでは新人さんとの接点も多く、今でいうリアリティショックなどもたくさん見てきました。しかし40

歳を過ぎた頃、仕事と家庭の両立が難しくなって退職します。しばらく専業主婦をしていましたが、社会との繋がりを求め、週3日くらいで地元で働ける仕事を探しました。そこで見つけたのが電話によるキャリアコンサルティングの会社の立ち上げの事務職でした。今でこそメール、スカイプなどのツールがありますが、当時は対面ではないコンサルティングは画期的でした。電話コンサルティングであれば時間に融通が利きそうだと感じ、自分もキャリアコンサルタントを目指そうと、すぐに各社に資料請求して比較検討し、全課程を通学で学べるリカレントキャリアデザインスクールを選びました。

Q：その当時はまだ、キャリアコンサルタントは国家資格になっていませんよね？

A：2003年頃ですから、まだまだ国家資格の話も出ていない頃です。養成団体はいくつもありましたが、当時はみんな民間の資格を作って運営していました。リーマンショックの前で、リストラも少なく、まだキャリアコンサルティングにそれほどスポットライトはあたっていませんでした。働きながら学校に通って、民間のキャリアカウンセラーの資格を取りました。今は国家資格も持っています。

Q：電話でのキャリアコンサルティング、というのは今でも盛んなのですか？

A：フェイス・トゥ・フェイスが苦手な人もいらっしゃいますから、今でも多いです。ただメールやＬＩＮＥを使ったりしたものに、だんだんシフトしてきてはいます。若年層は電話よりもメール、それよりもＬＩＮＥがやりやすいようです。それに合わせて、コンサルティングの手法も変わってきます。つまり、キャリアコンサルタントも時流や相談者のニーズに合わせて、アップデートしていく必要があります。今は、短くて瞬間的なメッセージから相手の真意を読み取ったり、相手にものを伝える必要が出てきているのです。

Q：企業でのキャリアコンサルティングについては、何か課題はありますか？

A：企業の場合は、経営者の意識が大きく影響しています。一人の人事担当者が「必要！」と言っても、経営者がノーと言えば、それで終わってしまう世界です。経営者に、キャリアコンサルティングと組織開発というものが直結するんだという意識が必要です。たとえば生産性を上げるためにがんばって働き過ぎて、メンタルヘルス不調になってしまう人がいます。そこで、メンタルヘルス不調を起こしにくい、ストレス耐性の高い人たちはどういう人かといえば、キャリアビジョンをしっかり持っている人なんです。自分はこの会社で何をやっていくのか、というビジョンだとか、こういう人生を送りたいからこの仕事をしているだとか、そういった自分のストーリーを描けている人を育成することが、生産性向上には欠かせません。ですから、経営者が生産性を上げていくには、従業員へのキャリアコンサルティングが必要不可欠となります。

Q：今後のキャリアコンサルタントのかたちは、どうなっていくのでしょうか？

A：しばらくは企業内でキャリアコンサルタントを育成する方向が続くと思います。そのなかで二つの流れがあると思います。一つは企業のなかでキャリアコンサルティングを広めていこうという流れ。もう一つは、企業内キャリアコンサルタントを支援するキャリアコンサルタントが必要になってくるという流れです。この二つの流れは当面続くと思います。さらに将来は、「女性」「30・40代」「障がい者」「外国人」「LGBT」など、それぞれの特徴を押さえたキャリアコンサルティングが必要になり、専門化・細分化していくと考えられます。

Q：同じようにキャリアコンサルタントを目指そうという人に、アドバイスをいただけますか。

A：キャリアコンサルタントというのは、やってきたことが経験として積まれれば積まれるほど、年を重ねれば年を重ねるほど、そのまま仕事に活かせるような職種です。その意味ではエンドレスなので、生きている限り続けられる仕事だなと思います。どんな人がキャリアコンサルタントに向いていますか、とよく聞かれますが、これは誰でも、どんな人でも向いていると思います。それぞれ歩んできた道が違いますから、その経験が活かせるからです。たとえばリストラされたことがある人は、リストラされた痛みが分かります。自分が経験してきたことをどのように仕事に活かすかを考えることが、この仕事の醍醐味です。

仕事上の行き詰まりを資格の勉強で打開した話

田代英治（たしろえいじ）プロフィール

株式会社田代コンサルティング代表取締役。1985年、大学卒業後、大手海運会社に入社。営業を7年間経験後、8年目に人事部に異動となり、社会保険労務士資格を取得。2005年、社会保険労務士事務所を設立して独立。

保有資格：社会保険労務士、行政書士、宅地建物取引士

大手企業に新卒で入社し、20年間にわたって働いてきた田代英治さんは、社会保険労務士の資格を活かして44歳で独立を果たします。独立の決め手になったのは何だったのか、独立後の生活はどうなったのかをうかがいました。

Q：社労士資格にチャレンジしたきっかけを教えてください。

A：新卒で入社後、ずっと営業部で仕事にやりがいを感じていたのですが、突然、人事部に異動となって、力が発揮できず苦労していました。自分の自信を回復して、周囲を見返してやりたいという気持ちから、人事の仕事に関連する社労士資格に挑戦しました。

Q：社労士を取得すると会社から手当てがもらえるなどがあったのですか？

A：今はどうだかわかりませんが、当時はまったくサポートはありませんでした。むしろ、勉強する暇があるなら仕事しろという空気があって、周囲には黙ってこっそりと独学で勉強していました。そんな感じだったので試験にも2回落ちて、3年目にようやく合格しました。

Q：合格したらさすがに評価は上がるのですよね？

A：合格した翌年に人事部から営業サポートに異動になったので、会社としてはたいして気にしていなかったのではないでしょうか。当時の日本の会社は専門家よりもゼネラリストを育てる方針で、専門性はそれほど高く評価していなかったと思います。

Q：会社の仕事関連で資格を取得したのに、会社からの評価がないときついですね。3年間もどうやってモチベーションを維持したのですか?

A：会社のなかで他の人にはない強みを持ちたいという気持ちですね。ほかに社労士資格を持っている人もいないようだったので、資格を取得して人事の専門家として認められたいと強く思いました。それに、一度受験を始めたら、合格せずに途中で止めるなんて、もったいなくてできません。

Q：せっかく資格を取得したのに人事部から異動になっては能力を活かせないのでは?

A：そうですね。だから3年半くらい新部署でがんばってから、人事部への異動申請を出しました。それで3年半ぶりに人事部に戻ることができました。ただ、再び人事部で働くことができるといっても、また5年後には他部署に異動になることが予想されます。会社に振り回されるのは嫌だなと感じて、もっと自由で自律的な働き方ができないものかと、独立を考えるようになりました。

Q：当時は40歳前後ですよね。どのような脱サラ起業を考えたのですか？

A：最初はまったくわからなかったので、独立した社労士さんや、脱サラした人のセミナーや勉強会にいって、いろいろな話を聞いて回りました。独立だけでなく、ジョブローテーションのない子会社の人事への出向ができないかなど、さまざまな可能性を探りました。もちろん家族にも相談しました。安定した大企業の仕事を捨てることに妻は大反対だったので、なかなか話は進みませんでしたね。

Q：最終的に独立のきっかけになったのは何だったのですか？

A：当時の上司からの異動の打診ですね。そのときに、やはり人事の仕事を続けたいという思いが強くなって「実は独立を考えています」という言葉が出てきました。上司との関係が良かったので、続けて「独立後も今の仕事を請け負いたいです」と素直に言えました。そうしたらなんと「上に相談してみる」と言ってもらえて、独立後もそのまま仕事を請け負えることになったのです。まったくの無職になるわけではないとわかった妻も最終的には同意してくれて、晴れて脱サラできることになりました。

Q：とはいえ、元の会社の仕事だけではやっていけないですよね。独立後の生活はいかがでしたか？

A：最初は試行錯誤でした。一応、社労士事務所を設立したのですが、社労士のメインの仕事である手続き業務は私のやりたい仕事とは違っていたので、手をつけませんでした。そこで、これまでの経験を活かすことを第一に考えて、人事部時代に担当していた人事制度や労務管理の分野に力を入れて、新規顧客開拓をしました。最終的に人事コンサルタントとして安定した仕事を得られるようになりました。

Q：では社労士の資格はあまり役に立たなかったのでしょうか？

A：とても役に立っています。個人で仕事をしていると、新規顧客の獲得に苦労するものですが、社労士の資格があることで一定の能力があることが示せるからです。実績を積んだ今となっては、一介の社労士と見られるのを避けるため、あまり前面には押し出していませんが、独立初期は社労士の肩書きはとてもありがたかったです。社労士という資格は実務に直結しているので、労働基準法とか社会保険とか、勉強を通じて人事の知識を体系的に身につけることができます。独立まで行かなくても転職が容易になるので、人事の専門家を目指す人はもちろん、そうでない人でも人事の仕事の最初の入口としておすすめの資格です。

Q：逆に会社の人事部の視点から、社員の資格取得をどう見ているのか教えてください。

A：会社によって異なりますが、昔のように手取り足取りの研修制度で社員を成長させる余裕がなくなってきているので、資格取得などの学び直しに自発的に取り組む社員を評価する会社が多くなってきています。それで独立や転職をされてしまうのはあまり喜ばしくはないのですが、社会全体として人材の流動性が高まっているので、以前よりも社員の転職や独立には寛容になっているでしょう。昔だったら、会社を辞める人間は裏切り者という空気がありましたが、最近は、一度辞めた社員が外で成長して戻ってくることを歓迎する制度を備えている会社もあります。ですから会社に頼らず、積極的に興味のあることに挑戦するのがよいと思います。

［第4章］

どこでどう学び直す？「学び直し」現場レポート

ビジネス・ブレークスルー大学

経営学修士（MBA）・経営学学士（BBA）がオンラインで取得できる

MBAが日本で働きながら取れる?

ビジネスパーソン、とひとくちにいってもさまざまな人がいますが、企業内での出世を目論み、ゆくゆくは経営に参画したいと希望する人にとって憧れの肩書きがMBA（Master of Business Administration）です。

日本国内を見ても、楽天の三木谷浩史会長兼社長、グロービスの堀義人代表、DeNAの南場智子会長などがMBAを取得後にそれぞれの会社を立ち上げて成功しています。また、ライフネット生命の社長であった岩瀬大輔氏、創業者でこそありませんがサントリーの新浪剛史社長なども名経営者として知られています。

いま例に挙げた5名がMBAを取得したのはアメリカのハーバード大学経営大学院です。2年間の海外留学のために会社を休職もしくは退職し、生活費込みで1800万円の費用をまかなえる人はそれほど多くないでしょう。

ですが、実はMBA取得に海外留学は必須ではありません。MBAとは経営学の修士号なので、国内の大学院の経営学修士課程、経営管理修士課程を修めることでも取得できます。国内であれば会社に勤めながら通うことも可能でしょう。また、最近では通信制の大学院が増えてきたため、仕事との両立がより行いやすくなっています。

2020年の新型コロナウイルス感染症の流行によって、大学や大学院におけるオンライン講義の整備の必要性が問われました。その関係で注目を集めたのが、すべての講義をオンラインで提供する通信制大学、大学院です。

なかでも日本の通信制大学院の草分けとして知られるのが、元マッキンゼー日本支社長の大前研一学長率いるビジネス・ブレークスルー大学大学院です。

完全にインターネットでの参加のみでMBAを取得できるオンライン大学院として2005

年に産声をあげた同大学院は、その後、大学院のみならず4年制の大学も併設して、ユニークな高等教育機関として存在感を高めています。

ビジネス・ブレークスルー大学の設置学部は経営学部のみ。大学院も経営学研究科のみなので、大学院卒業生は全員がMBAホルダーになります。また、実際の経営に役立つものを学ぶという理念のもと、教授陣はそのほとんどが現役の経営者などの実務家で、いわゆる「机上の空論」を排した実践的な教育を行っています。

ディスカッションはオンラインのほうが活発

オンライン大学と聞くと、気になるのがその教育の内容です。動画を見る形式の講義で、はたして役に立つ学びが得られるのでしょうか。この疑問に対し、ビジネス・ブレークスルー大学事務局長の白﨑雄吾（しらさきゆうご）さんは明快に答えてくれました。

「学びというと、皆さんすぐに知識のインプットとかスキルの習得をイメージしますが、それはあくまでも一側面に過ぎません。高校までの学習が、知識を暗記して正確な答案を作成することに偏り過ぎているので、社会人になってからもそれを学びだと思ってしまう人が多いのですが、それではイノベーティブなビジネスはできませんよね。私たちは、〝スキル〟を身につけるだけでなく、それを使って世の中にどうインパクトを与えるかの〝マインド〟の形成も重視しています。多くの人は社会人の学びというと、語学とか資格とかスキルの習得ばかり考えるものですが、マインドがないとせっかくのスキルが活きません。そしてマインドというものは、同じ目標を持つ仲間との交流（Interaction）によって刺激され、成長するものです。ですから、私たちはオンライン大学といっても動画を配信する（Instruction）だけでなく、視聴後のオンラインでのディスカッションを大切にしています。講義についてのディスカッション掲示板は毎回とても盛り上がって、それによってインプットが深まると同時にマインドが形成されるのです」

確かに実際に見せていただいたオンラインの掲示板では、さまざまな意見が出て、毎日、白熱したディスカッションが繰り広げられています。しかし人と人との交流というのは、むしろオフラインのメリットのように感じられます。いくら掲示板があるとはいえ、実際に顔を合わせてのゼミやディスカッションに勝ることがあるのでしょうか。

「それは大きな勘違いです。実際に思い出してもらえればわかりますが、会社の会議など、顔を合わせてのディスカッションが、それほど白熱しているでしょうか？　たいてい、雄弁で声の大きい人が流れを作り、無口でシャイな人は『なんか違うな』とモヤモヤしながら、空気を読んで黙っていることが多くありませんか。オンラインの掲示板では、臨機応変な受け答えが苦手な人も、じっくりと考えて自分の意見を提出できます。声の大きさは関係なく、どの人の意見もフラットに見てもらえます。お互いに顔を見られないというのも、外見による偏見が入らなくてよいですね。女性だから高齢者だから身体が小さいからといって軽く扱われることもありません。また、私たちの掲示板では、教員やアシスタント（ラーニングアドバイザー・ティーチングアシスタント）が参加して場をファシリテートするので、長文で場を圧倒する人や論理が破綻している人に問いを投げかけ、気づきを与えることもできます。もちろんオフラインにもメリットはありますが、どちらかといえばオンラインのほうが実のあるディスカッションができると私たちは感じています」

従来の大学にない利点を活かす

もう一つ気になるのは、集まってくる学生の質です。学生同士の交流が学びを刺激して成長を導くのだとしたら、やはり人気のある有名大学のほうが学生の質も高く、学びがより促進されるのではないでしょうか。

「偏差値の高い大学や学部のほうが、テストで良い点を取れる学生が集まっているというのは、確かにそうだと思います。しかし、テストで良い点を取れる学生が集まっていれば良い交流ができるかといえば、必ずしもそうとはいえないでしょう。たとえば東大の学生には都内進学校出身者や富裕層が多いといわれますが、同質な人が集まることの弊害もあります。私たちの考える学びは、多様性によって担保されます。さまざまな人がいて、さまざまな意見が出ることで、視野が広がって学びが促進するのです。ビジネス・ブレークスルー大学は、オンライン大学という周縁的な存在であるために、年齢もバックグラウンドも多様な人が集まっています。学部学生にしても7割は社会人として働いている人なので、一般の大学とは大きく様子が異なります。そのほか、高校中退から大検を受けて入学した人、有名大学を中退してきた人、定年後のシニア、外国在住者、起業家、主婦など、本当に幅が広いのです。ダイバーシティのお手本のような学校です」

オンライン大学の学生の多様性は想像を超えていました。それだけバックグラウンドの異なる学生同士のコミュニケーションは、どのように行われているのでしょうか。

「バックグラウンドが違っていても、情報の限られたオンラインだからコミュニケーションしやすい面はありますね。一般的に掲示板やＳＮＳでは、見知らぬ人に話しかける敷居が低くなります。それだけでなく、オンラインで仲良くなった学生同士がオフラインで会うというリアルでの交流も活発に行われています。大学のサークルのようなものですね。毎週、全国各地でさまざまなイベントが開催されて、年齢も職業も異なる学生たちが一緒に楽しんでいます。飲み会も盛んで、遠くの人はＺｏｏｍ等で参加したりするそうです。皆さんＩＴリテラシーも総じて高くなっていくので、物理的な距離があってもコミュニケーションには困らないのです」

ビジネス・ブレークスルー大学は、決してオンラインだけの教育機関ではないことがよくわかりました。

日本女子大学

意欲の高い学生が集まるリカレント教育課程

日本初のリカレント教育課程を設置した日本女子大学

日本女子大学といえば、明治時代の1901年に日本初の女子高等教育機関として誕生した日本女子大学校を前身とする、由緒ある女子大です。

年配の方は、女子大といえば「良妻賢母」を育てるところというイメージを持たれているかもしれませんが、男性に肩を並べて仕事のできる「職業婦人」を育てようとしてきた面も大きいのです。

もともと日本女子大学は、「女性に教育は有害無益だ」との旧弊な考え方が支配的な時代に、「女性にこそ教育が必要だ」との信念を持つ成瀬仁蔵によって創設されたものです。日本の繁栄のためには「女性も職能を身につけ社会で活躍するべきだ」との進歩的な観念を持っていたのです。

彼の教育理念は「幾歳になっても青年の様な旺な精神を以て益々奮闘して境遇を開いて行く」ような「立派な人格を作る」ことでした。つまり、創設者は生涯教育やリカレント教育に対しても強い思いを抱いていたといえます。そのため、建学からわずか7年後の1908年には通信事業部を立ち上げ、事情があって通学できない方や、若いときに学べなかったけれども改めて学び直しをしたい社会人に、通信教育の門戸を開いてきました。

日本女子大学の通信教育部は、日本の高等教育機関のなかで3番目に設置という歴史を誇っています。また、1995年には卒業生や地域の社会人向けに生涯学習センターも設置し、幅広い学びを提供してきました。そのように社会人教育の伝統を持つ日本女子大学がリカレント教育に力を入れるのは、ある意味、当然のことといえるでしょう。

2007年、文部科学省が「社会人の学び直しニーズ対応教育事業」プロジェクトをスタートしたとき、その業務委託先の一つとして選ばれたのが日本女子大学です。まだリカレントという言葉が浸透していない当時、日本女子大学は大学で初めてリカレント教育課程を設置して、以来、数多くの社会人に新たな学びを提供してきました。

キャリアアップが望めるリカレント教育

すでに長い歴史を持つ日本女子大学のリカレント教育ですが、近年は受講生に変化が見られるようになったといいます。

初年度の入学者は日本女子大学の卒業生が100％を占めていて、その目的も結婚や出産や育児で離職した女性が、再就職のために学び直しをすることが多かったのですが、最近は、必ずしも一時離職した方ばかりではなく、社会人になってからずっと非正規雇用の就職氷河期世代の女性が正社員を目指したり、あるいはキャリアアップのために学び直しをしたりといった、人生を変えるために受講を希望するケースが多くなっているそうです。卒業生が占める割合も、近年は1～2割程度で、他大学・大学院の卒業生・修了生が多くなっています。

その背景には、2016年に施行された女性活躍推進法の存在があります。女性の働きやすさや待遇を向上させようとする同法によって、女性の働く意識が高まり、リカレント教育のニーズも拡大したといえるでしょう。

そこで日本女子大学でも、リカレント教育の大きな目的の一つとして「即戦力のビジネスパーソンの養成」を掲げて、手厚い「再就職支援」とともに、女性のリスタートやビジネスでの活躍を応援しています。

日本女子大学のリカレント教育課程の修了生を受け入れている企業からは「働く意欲が高く、学び直しでビジネススキルを向上させていて、マナーもコミュニケーション能力も鍛えられた修了生が多く、人材の宝庫だ」との声が聞かれるそうです。

実際に、2016～2018年の3年間では、入学者160名のうち95%が1年間のリカレント教育課程を無事に修了し、そのうち93・4%が見事に就職をはたしています。正社員としての就職は40%ですが、87・3%が社会保険付きの雇用であり、多くが望んでいたキャリアチェンジを果たすことができました。

驚くのは50代の修了生でも再就職ができていることです。企業の担当者は「50代の女性は子育てが終わっていて介護もまだ始まっていないので残業を頼むことができるし、その年齢で学ぼうという意欲のある人は能力も高い」と言います。

日本女子大学は、日本で最もリカレント教育に成功している大学の一つといえるでしょう。

リカレント教育に潜む課題とは

いいことずくめのようですが、課題も残ります。現在、日本女子大学のリカレント教育課程の定員は年間にわずか40名。入学を希望する応募者はその2倍近くいるので、ニーズには十分に応えられていません。けれども、日本女子大学としてはリソース不足もあって、定員を増やすことは考えていないそうです。日本女子大学生涯学習センター所長の坂本清恵教授と主任の片山伸也准教授は次のように語ります。

「少子化で子どもが少なくなったのであれば社会人学生を増やせばいいという考え方もありますが、そんなに簡単なことではありません。本学のリカレント教育課程に入学を希望するのは、離職中だったり非正規だったりする女性ですから、その方たちが支払える程度に学費を抑えねばなりません。そのため、どうしても大学で用意できる設備や人員は少なくなってしまいます。正直、現状の人数で手一杯です。また、高校を卒業してすぐに入学してくる学生は受験を経ていることもあり基礎学力の粒がそろっていて教育もスムーズに進みますが、大学卒業後、何年も経つリカレント教育課程の受講生は一人ひとりの背景や学力がまったく異なるために、細かいフォローが必要です。本学の場合はありがたいことに定員を超える応募者が集まっていますが、それでも採算がとれているわけではありません。また、地域によっては、設置しても定員に満たないことも多く、社会貢献としてなんとか続けている状況があります」

日本女子大学リカレント教育課程では、入学試験を実施して学生を選抜しています。その内容は英語テストとPCテストと面接です。

いずれも現代のビジネスパーソンには必須のスキルで、実際にビジネスの現場で通用するレベルに引き上げていくために、最低限の基礎知識は自ら学んで準備してほしいということです。なかでも重視しているのが面接です。ビジネスでは英語やITのスキルも大切ですが、それ以上に大切なのがコミュニケーション能力と意欲だからです。

リカレント教育を受けると何が変わるのか

実際、日本女子大学のリカレント教育課程の修了生が企業で高く評価されている理由の一つに、その意欲の高さが挙げられます。

一般の大学の学費に比べれば安いとはいえ、何十万単位の受講料を支払って一年間かけて学び直しをしようというのですから、その意欲の高さは折り紙つきです。とある企業では、その年の企業内研修に最初に取り組んだのが、日本女子大学リカレント教育課程の修了生3名であったことで、驚きの声が上がったそうです。

日本女子大学リカレント教育課程の修了生の平均年齢は41歳で、その6割を40代が占めています。非正規期間や離職歴の長い中高年女性が、高い意欲をもって仕事に取り組んだことはうれしい誤算だったに違いありません。日本女子大学のお二人は次のように説明してくれました。

「学び直しをすると、学ぶことに抵抗がなくなって、何事にも積極的に取り組むようになります。それが周りの社員に良い刺激を与えるので企業では重宝されます。ですから、資格そのものよりも、資格取得のためにチャレンジしたり学んだりといった意欲が評価されています。特に本学は、最低履修時間も280時間必要で、リカレント教育課程のなかでもハードルが高いです。文科省は働きながら学ぶ人のために、履修証明プログラムを120

時間から60時間に変更しましたが、それでは学んだという実感が得られないでしょう。本学の受講生は平均して353時間履修しています。リカレント教育で学んだことで、さらに学びを深めるため、大学院に進学して助教になった人もいます。

学ぶことで自分の人生を変えられるのに、現状ではまだリカレント教育のことを知らない人がほとんどなので啓発活動が必要ですね」

日本女子大学のリカレント教育課程には、非常に学ぶ意欲の高い人が集まっています。地元で「その年齢では職は見つかりません」と言われて奮起して、受講のために国内外から東京に引っ越してきた人も少なくありません。なかには家族を残して単身で出てきた人もいるそうです。

目的意識をもって学ぶ意欲の高い受講生が集まるという意味で、日本女子大学のリカレント教育課程は、ある種、理想の学校といえるかもしれません。

LEC会計大学院

税理士資格取得につながるカリキュラム

修士論文研究の認定を経て科目免除を目指す

難関資格といわれる税理士試験。受験科目は全11科目中の5科目ですが、1科目合格にかかる負担が大きく、仕事を持った社会人が最終合格に至るには数年かかるといわれています。

しかし、大学院で学位論文を作成することで、税理士試験の科目のいくつかを免除申請することができる制度があります。

そこで、税理士試験科目免除申請を想定した修士論文指導に定評のある、LEC会計大学院の反町雄彦学長に、実務家養成大学院としての役割をうかがいました。

「LEC会計大学院の特徴についてご説明しましょう。税理士資格の取得には税理士試験

5科目の合格が必要ですが、それぞれバラバラに受験することが可能です。いつ受験しても、合計で5科目取れれば最終合格になります。そのうち税法の2科目あるいは会計1科目については、本学で修士論文を作成し、国税審議会で研究認定を受けられれば受験免除となります。これは試験合格を目指す人にとって大きなアドバンテージになります。しかし、本学の修士論文は5万字以上の論文を仕上げなければならず、非常な労力が必要となります。そこで、質の高い論文を効果的に完成させるカリキュラムを2年間かけて提供しています」

「カリキュラムの最大の特徴は、今の時期は何を行うか？　どこを達成レベルとするか？など、学生個人では設定することが難しいマイルストーンを提供していることです。テーマの決定から序論→本論の執筆と、論文の完成まで半年ごとに、4期2年間分の目標を設定しています。そしてその指導を担うのが、①税法・会計の専門指導を行う主査の教員、②全体の構成指導を行う副査の教員、③文章の指導を行う教員、④Ｗｏｒｄでの各種設定や指導を行う教員、で構成される指導チームです。このように免除認定にふさわしい質の高い修士論文の完成を目指した徹底的な指導体制を整えていることが、本学の大きな特徴です」

忙しい社会人のための履修システム

論文作成における体制が充実していることはわかりましたが、はたして、忙しい社会人でも学びやすい履修システムになっているのでしょうか。

「まず授業は、平日の19：30～21：00、土曜・日曜は9：30～20：00のなかで配置されています。土・日中心に履修し、適宜必要に応じて平日夜の授業を履修するイメージです。家庭や仕事など、自分の都合に合わせて、単位を取得することが可能になっています」

「2、3月は多くの会計事務所・税理士事務所の繁忙期になるため、後期授業は1月下旬に終了し、前期授業は4月に始まるといった、変則スケジュールに設定しています。その時期は春期休暇期間という扱いですね」

「また、毎回の授業で使用する資料、教員からの指示、課題・草稿の提出などはすべて『グーグル・クラスルーム』というクラウドサービスを使って情報共有しています。欠席した場合は授業のDVDもレンタルすることができます」

「さらに、特別な事情で、標準修業年限2年間での修了が難しいと、あらかじめわかっている場合は、入学時の申請で履修期間を延長できる『長期履修学生制度』があります。こちらは2年間の授業料のまま、最大4年間まで履修期間を延長できる制度です」

これからの時代に求められる会計実務家に

社会人が多いとのことですが、主にどんな方が在学しているのでしょうか。

「学部を出てすぐ入学される方は全体の1割程度しかいません。残りの9割は社会人学生になります。平均年齢は40歳前後ですね。社会人学生の勤務先の8割以上は税理士事務所・会計事務所です。前述したように、税理士試験の試験科目は全部で5科目あって、いつどんな順番で受験してもよいことになっています。しかし、若いうちにいくつか合格していても、年齢が上がるにつれてなかなか勉強する時間が取れなくなり、5科目すべての合格に至っていない方が多いのです。これが一部科目免除を希望する人の割合が増えている理由です」

「本学が特に『こんな人に入学してほしい』と考えているのが、一般企業の経理・財務部門に勤めている人や、経営の近いところに携わっている人、高付加価値の税理士・経理担当者を目指す人です。管理会計や財務分析などは、数字を読んで意思決定に結びつけるという、経営コンサルティングに必要な知識となります。これからは、従来の知識だけではなかなか勝負が難しい時代になりますので、実務経験を持つ社会人の方に、幅広い領域で知識の土台を築き、多様なニーズへの対応力をぜひ身につけていただきたいですね」

ニーズに応えられる大学院を目指す

今後は、どんな展開を考えているのでしょうか。

「本学は、構造改革特別区域法に基づき、千代田区の『特区』でスタートした株式会社立の大学院です。株式会社ですので、通常の大学・大学院などよりも、顧客のニーズを重視した運営をしていきたいと考えています」

「これからニーズが高まるのは会計・税務の分野だと考えています。年齢・性別・立場を問わず、誰もが今以上に気軽に学べる、しかも最新かつ高度な知識を得ることができる。そんな大学院を目指しています」

文化服装学院

文化服装学院のブランドでリカレント教育を

ファッション・アパレル業界の研修を引き受ける

世界のファッションスクールランキングでトップ3に入る知名度を誇る文化服装学院は、高田賢三や山本耀司、コシノジュンコなど、日本のファッション業界に多数の著名人を送り出している伝統ある専門学校です。

運営元である学校法人文化学園は、文化服装学院のほかに、四年制の文化学園大学、文化ファッション大学院大学、文化外国語専門学校などを持ち、専門学校から大学への進学もサポートしています。

その文化服装学院が「量販店・マーチャンダイザー向け社員研修」というかたちでリカレント教育を提供していると聞いたので、話をうかがってきました。

文化服装学院のリカレント教育セミナーは、文科省のセミナーなどにも事例として出てくるほど有名ですが、いつから行ってきたものなのでしょうか。

「10年くらい前からやっています。その頃、企業さんが研修などで、本校のカリキュラムを利用したいというご相談をいくつかいただいていました。それまでも『百貨店』などに対する人材育成はやっていたのですが、単発的なものでした。しかしながら問い合わせが多くなってきたことと、それが『卒業生の就職』などで、本校がお世話になっている得意先からのものだったため、恒常的なプロジェクトとして始めたものです」

文化服装学院のような有名な学校が研修を提供してくれるというのであれば、人気になることは容易に予想できます。どのようなところが受けているのでしょうか。

「私たちの売りは、そもそも専門学校という教育機関なので、総合的にカリキュラムを組めるところです。たとえば1年間という時間を使って、企業研修で『染色』『縫製』『販売』など、ファッションをトータルで教えることができます。とはいえ学校のように決まったカリキュラムを作って、学生たちに教えていくわけではないので、それぞれの企業に合わせたカリキュラムを立ち上げるのは非常に大変だと認識しています。企業によってニーズが違いますし、研修の受講者の知識、モチベーション、スキルもさまざまなので、画一的なプログラムを提供しにくいのです」

ということは、ファッションやアパレル業界限定での提供になるのでしょうか。

「他業種からお声がかかることもあります。特に『新入社員教育』についての引き合いが多いですね。たとえば、以前に多店舗展開しているリサイクルショップチェーンの研修を行ったことがあります。リサイクルショップ業界は、最近ファッション商品の取り扱いが増えているのですが、それについての知見を持った人材が少ないそうです。そのため、ファッションの知識が欲しいとのことで、本学で研修を行わせていただきました。あとはネットショップなどもご相談が多いです。ネットアパレルショップなどは、他業種からの参入も多いのですが、担当者にファッションに対する基本の知識がない場合が多く、そのようなケースでニーズが高いのです。しかし、それまでまったくファッションに興味がなかったという人もいて、どこから教えればいいか難しいところがあります」

リカレント教育の難しさ

お話をうかがうと、提供の仕方次第ではそうとうニーズがありそうな気がします。事業拡大の計画はあるのでしょうか。

「それを行うにはまだまだ課題が山積みです。というのも、こちらで用意したスケジュールに合わせてもらうのではなく、学校として『教室』『講師』など、学内のリソースを空いている時間帯に提供するかたちで、そのつど、内容も含めて、オーダーメイドで組み立てているからです」

「現状では『学校の設置基準』『講師・施設の手配』の範囲内で行っているので、大幅な拡大は難しいですね。特に本校は生涯学習の機能が、『エクステンションセンター』などのように独立していません。学内の一部署として、学校から施設を借りて行うかたちになっています。そして学校はあくまで学生ファーストですから、社会人向けのリカレント教育部署は、やれることが限られてしまいます。しかも、コマ単位での押さえがきく大学と違って、専門学校は基盤からして違って、年間をとおしてのコースを提供しています。

だから融通をつけるのが難しいですね。時間の制限もあります。たとえば企業は、平日での受講が望ましいが、平日は学校もあるので教室の確保が難しいのです。あとは『夏休み』『冬休み』に企業研修のために講師の日程を押さえられるかどうかという問題もあります。だから現状での事業拡大は難しいし、積極的な広報活動も行ってはいません。広告を出して意欲的に事業拡大を狙うというのは現状のリソースでは無理です」

「最も困難なのは、講師の都合をつけることですかね。今はまだ、外部の講師を使って本格的にサービスを提供、というところまではやっていません。非常勤講師の方にお頼みすることはありますが、著名人を特別講師に招いてセミナーを開講することは行っていないという意味です。なぜかといえば、特別講師を入れた講座を組むとコストが跳ね上がるからです。まだそこまで本格的にビジネスとして取り組んでいるわけではないので、特別講師の要望があれば、講座とは別に企業に直接紹介しているような状況です」

いったいどの程度の手間がかかっているのでしょうか。

「まず依頼があって、スタートするまでに半年くらいの時間が必要です。そして打合せをして、内容が決まってから、講師を押さえます。講師に対しては、2コマ分を準備費用として入れています。さらに、準備期間も有償としています。だから、その分は割高になります。手間がかかるのは、企業の人事担当者が、特にアパレル系以外の場合、何を教えていいか分からないで相談にくることが多いからです。そうなると、受講者が本当に必要なもの、欲しいスキルからズレて、研修の効果が発揮できません。そこをハッキリさせて、主旨を明確にすることが必要なのですが、やはりいろいろ難しいですね」

今後の制度改革を見据えて準備をしている

今のリカレント教育は、企業研修よりも個人の受講がメインになっていますが、個人向けにはサービスを提供しないのでしょうか。

「個人向けでなく企業向けメインで行っているのは、そちらのほうにニーズがあったからです。アパレル業界はなかなか時間の融通をきかせにくいこともあり、個人で受講してもらうよりも、企業研修でまとめて教えたほうが効率的であると考えています。とはいえ、個人を排除しているわけではありません。本校は以前から社会人向けにさまざまな講座を開催しています。受講生のなかには、何年も通っていてプロレベルの腕前になっている人も多くいます。社会人向けのカルチャースクールのようなものですが、多くのカルチャースクールは個人講師から『その講師の持っているスキルを学ぶ』ものになっていますが、本校では『その講師だけではなく、それ以外、それ以上のスキルを得る』ことができるような講義を提供しています。ですから、社会人向けでも、継続して受講していただければ、プロフェッショナルな人材になることができますし、個人事業主として独立することも可能です」

それではあまりリカレント教育を拡大する予定はないのでしょうか。たとえば大学・短大対象の「職業実践力育成プログラム」のように、文科省より新しい制度が施行されればそこに乗っかるつもりはありますか。

「そうですね。私たちもアパレル業界をどんどん活性化していきたいとは考えていますから。他業種の方にも、専門学校が培ったノウハウを伝えていきたいとの思いもありますから、ニーズの拡大にも対応したいと思っています。ただ、現状の制度では、そこに対応するのは難しいです。新しい制度が導入されて、法的な整備が進めば参入を検討すると思います」

ハリウッド美容専門学校

好きこそものの上手なれから始まる〝知好楽〟の教育

長寿社会にはリカレント教育が必要だ

リカレント教育の主役になるのは、大学や大学院ばかりではありません。むしろ職業教育の要である専門学校は、多様な分野の教育課程を用意して、社会人を受け入れています。

なかでも、大正時代からの歴史を持つハリウッド美容専門学校は、運営主体である学校法人メイ・ウシヤマ学園の山中祥弘理事長が、公益社団法人東京都専修学校各種学校協会の会長を務めていることもあり、リカレント教育の旗振り役となっています。

ハリウッド美容専門学校は、その名のとおり美容師等のトータルビューティシャンを養成する専門学校です。それだけでなく、専門職大学院であるハリウッド大学院大学ではビューティビジネス等の人的サービス産業の経営者を育成します。

単なる技術者教育にとどまらず革新的な経営者教育をも行っているメイ・ウシヤマ学園は、その発祥もユニークでした。

明治生まれの創業者・牛山清人は、俳優を目指してアメリカ・ロサンゼルスに渡り、ハリウッドの日本人俳優の嚆矢である早川雪洲の弟子になり、ハリーウシヤマでハリウッド映画界にデビューします。しかし関東大震災の惨状を見て、日本女性を元気づけようとして、ハリウッド最新の美容と化粧品の技術をおみやげに帰国して日本で初めてのパーマ技術を提供する美容室を銀座に開店します。このハリウッド美容室と化粧品会社の社内研修機関が、その教育力の高さから評判を呼び、のちにハリウッド美容専門学校となりました。

山中理事長はリカレント教育について次のように語ります。

「そもそも勉強というものが若い人だけのものという考え方がおかしいのです。たとえば専門学校を卒業して美容師になったとしても、新しい技術や流行が次々と出てきますから仕事を続けるためには常に勉強して最新動向にキャッチアップしなければならない。かつては社会の変化がスローだったから学校で学んだことを一生使えたのかもしれませんが、現代は産業社会の構造が急激に変わっていきますし、情報も技術も高度化・多様化して常に学ばなければ追い抜かれてしまう。政府がリカレント教育を言いだすのが遅すぎたくらいです」

「もっともかつての日本企業は社員教育という名のリカレント教育にとても熱心でした。それが日本経済の強さにつながっていたのですが、バブル崩壊とともに充分な社員教育を施す余裕をなくして、今では派遣社員や臨時雇用が増えて、充分な社員教育をしなくなってしまった。だから今は大学院や専門学校がキャリア教育の受け皿にならざるを得ないのですが、現状の教育制度では、まだまだ十分とはいえません。海外企業が日本の優れた社員教育を真似て競争力を強化し始めた頃になって、逆に日本ではその仕組みが弱体化してしまって以前のような社員教育にもう復活できない。これが日本企業の国際競争力が弱体化した原因です。リカレント教育を国の成長戦略として早急に強化しなければ日本は復活できません」

好きな仕事は職業適性を高める

「教育とは、教え育てると書きますが、誰にでも同じような教育をすることは問題です。

学習には目的が必要で目的意識の強い人は自分から学ぶのでより成長します。いまの学校は教えること、学ぶこと自体が目的になっているのでうまくいかないことが多い。漠然と将来のために良い成績を取れといっても子どものやる気は出ません。本来、学習は自分の夢を実現するための手段で、よりよく学ぶためにはまず志の高い目的が必要です。やりたいことが見つかれば、そのためには何を学ばねばならないかを知ることができて、結果的に義務教育の内容はすべて必要だとわかる。そのように必要性を理解した人から先にどんどん伸びていきます。ハリウッド美容専門学校でも、幼い頃から美容師になりたいといっていた子は成長が早いですし、教師が知らないような豊かな情報を自然に身につけて職業適性を磨いています。私も子どもの頃から経営者を目指して、日経新聞や経営書を読んでいました。教育にとって最も大事なことは高い目的達成への動機づけなんです」

やりたいこととは違うことを無理にやらされても成果は出ません。ハリウッド美容専門学校には、親が医者で医学部をすすめられていたけれども、本人は美容師になりたかったが、一応、親の言うとおり医学部を合格したあとにそれを蹴って、本校に入学した学生がいます。そこまで強い思いがある人はやはり伸びるようで、今では美容師のコンテストに優勝するようなエキスパートになっています。

「自分の好きなことが天職になると私は考えていますが、それに反対する人もありますね。特に美容師という職業は、小中学生には人気が高いのですが、高校生になると周囲からやめておけといわれることが多くなります。先生もせっかく成績が良いのだから大学に進学しろと指導するのですが、早く美容師になりたい人に大学に行かせてどうするのでしょうか。職業を選ぶときは、学校の成績ではなく職業適性で判断するべきです。そして適性というものは、子どもの頃の夢でおおかた判断できます。これまで数多くの学生を見てきましたが、小学生の頃から美容師になりたかった人は将来もずっと美容師を続けています。逆に、手に職でもつけるかと思いつきで専門学校に入学した人は、美容師の免許取得後にほかの職種に転職してしまうことが多いのです。いま、就職という言葉は、ほとんど就社という意味で使われていますが、本当に大事なのはどの会社で働くかという『就社』ではなく、どの仕事に就くかという『就職』ですね」

「これもまたキャリア教育に欠けていることですが、その職業の実情が高校等では情報としてあまり知られていません。美容師には実は年収1000万円プレーヤーもたくさんいます。仕事の成果が収入に反映する歩合制のところが多くなり、稼ぐ人はすごく稼いでいます。また、仕事の腕があまり上手でない人は、美容室の経営に徹することで、さらに多くの収入を得ています。ハリウッド大学院大学ではビューティビジネスの創業・継承・再生の経営を教えていますが、最近では中国からの留学生が、卒業後、日本の美容師を雇って起業するケースも多いです。どんな業界にも成功する人とそうでない人がいますが、好きな仕事のほうが成功する確率は高いのです。業界の平均収入を見ると美容師はあまり高くないと思われていますが、お店にいても店の一部を借りて独立した個人事業主としてやっていくこともでき、自分の能力を発揮する方法は多様です。どんな仕事でも多様な可能性があるので、よく検討してからキャリアデザインをするべきです」

リカレント教育制度には生産性改革が必要だ

「たとえば美容師資格を取得するためには2年間の履修が必要ということになっていますが、実際には習熟度の高い学生は1年間で国家試験に合格できる能力を身につけます。その場合は1年で早期受験させて、資格取得後の1年間はインターン（職場教育）をしたら良いと思いますが、現在の制度ではそれができません。また社会人のリカレント教育でも、美容師の資格取得には2年間の履修が必要なので、せっかく美容師になりたいと思った人に二の足を踏ませています。2年間も仕事をせずに勉強ができる社会人がどれだけいますか？　国が本気で社会人の学び直しに取り組むのなら学修期間基準を撤廃して、単位制のみを卒業要件とし国家試験を受験させるべきです。いま日本で2年間かけて教えていることを、海外のように1年程度にしてしまうと、学費収入が半分になるので学校が困るということもあるでしょう。しかし、変化の激しいこの時代、内容が同じなら短期集中で教育できたほうがいいに決まっています。なぜそんなに早くできるのかといえば、教育内容が、誰でもできるようにマニュアル化されているからです。日本は見よう見まねではありませんが、徒弟制度みたいな教育で、たいへん時間がかかります。たとえば美容業界では、就職しても3年間は下積み仕事をしなければお客さんの髪を切らせてもらえないみたいなルールが残っているところもあります。昔はそれで良かったのかもしれませんが、今のような時代では3年もかかるとせっかく就職しても辞めてしまう。ＱＢハウスのような十分で1200円のカットサロンがなぜ伸びているかといえば、早くて安いということももちろん大きなメリットですが、入社半年程度の集中研修制度で髪を切らせてもらえるので理美容師さんに人気があるのですね。価格は安くても生産性が高いので給料も高くなりますし、時代の空気をとらえて成長した業態といえるでしょう。日本はもっと教育の生産性と投資効率を重視するべきだと思います。社会人の多いハリウッド大学大学院では、同じ内容を1年間コースと2年間コースで提供していますが、1年間コースのほうが授業密度が高く大変ですし、授業料も同様ですが、それでも1年間コースのほうが人気があります。社会人学生の求めているものが何かは明らかですね」

最後に、読者に向けて山中理事長から次の言葉をいただきました。

之を知る者は、これを好むものに如かず。之を好む者は、之を楽しむ者に如かず。　論語

ファイナンシャルアカデミー

お金と投資について実践的に教える学校

なぜお金のことを学ぶ必要があるのか

リカレント教育は「大人の学び直し」として知られていますが、「学び直し」という言葉にはどこか、〝学校教育をもう一度〟のイメージがあり、学位や資格取得と直結して考えられがちです。

確かに「本当は医者になりたかったから受験し直して医学部に」とか「弁護士の資格を取得するために法科大学院に」といったケースもあります。ただ、社会人の「学び直し」には、学校では教えてくれなかったが、生きていくうえで学んでおくことが必要だと気づいて踏み出すケースもあります。

そうした「学校」では教えていないことが学べる教室として、最近、注目されているのが「お金の学校」であるファイナンシャルアカデミーです。

ファイナンシャルアカデミー広報部は次のように語りました。

「世間には『投資信託』『株式投資』『不動産投資』といった代表的な投資法から、近年注目の『NISA（ニーサ）』や『iDeCo（イデコ）』など、個人の資産形成を後押しする制度まで、投資に関する情報が溢れています。しかし、お金の運用に対する知識や経験の少ない人にとっては玉石混淆の投資情報を前に、自分にとってどれが適しているかを判断することは困難です。ファイナンシャルアカデミーは『お金の教養』を身につけることが、真に豊かな生活を送るうえで不可欠であるとの信念で2002年に創立された総合マネースクールです。多くの人が気になりつつ、なかなか一歩踏み出せずにいる投資についても、体系的なカリキュラムで学ぶことができます。『お金』は誰もが生きるうえで必要なものですが、お金の正しい使い方、管理の仕方、増やし方など、誰からも教わらずに社会人になる人がほとんどです。良い会社に勤めたとしても、正しいお金の扱い方を知らないと、本来便利であるはずのお金が平和な日常を圧迫し、ときには凶器となり、自分や家族の人生を狂わせてしまうことだってあります。義務教育では教わらない『お金の教養』

を正しく学ぶことで、心理的・経済的なゆとりを生み、豊かな人生につなげたいという想いで、ファイナンシャルアカデミーで学び始める人が増えてきています」

ファイナンシャルアカデミーが支持される理由

「ファイナンシャルアカデミーの最大の特長は、保険や投資信託など特定の金融商品をすすめたり販売したりすることなく、『中立的』な立場での金融経済教育を提供していることです。世の中には『手数料ビジネス』や『営業目的』の金融セミナーがたくさんあります。それらも特定の状況下においては一定の知識を伝えているとは思いますが、大半が主催者の売りたい商品に偏ったポジショントークになりがちです。しかし、本当に必要なお金の知識はその人の状況によって異なります。たとえば、投資には株式投資、不動産投資、投資信託などさまざまな手法がありますが、何があっているかはその人の目的や経済状況によって違ってきます。自分に最適なお金の知識を正しく学ぶことができるのは、ビジネスセミナーではなく『教育』です。ファイナンシャルアカデミーは、創設者自らが感じた『お金についての実践的な教育を受けたい』という思いから生まれました。ですから、あくまでも受講生の目線で、本当に必要な再現性のある教育を施すことに力を入れています。なお、特定の成功者から学び、同じやり方を試してみたとしても、環境や本人の資質、何より判断し得る知識や経験の量が大きく異なるため、真似をした人のすべてが成功するかというとなかなか難しいのが現実です。ファイナンシャルアカデミーのカリキュラムの最大の特長は、『誰が』『いつ』行っても安定的に効果が出せるという、『再現性』にあります。投資未経験で入学する人が多いなか、株式投資スクールの受講生の7割が在学中に利益を出し、不動産投資スクールの受講生の半数は在学中に家賃収入を得る大家さんになっていることからも、カリキュラムの優位性は明らかです」

このような特長が支持されて、創立から18年間でファイナンシャルアカデミーの門をくぐった受講者の総数は57万人以上に及び、現在受講中の生徒の数は約9000人を数えています。

その内訳は30代がほぼ半数ですが、20代と40代もそれぞれ20%を超えるなど、世代に関係なく支持を得ています。学生の頃にお金について学んでこなかったと考える社会人がそれだけ多くいるのでしょう。

創業当初の受講生の8割が男性でしたが、現在では男女比がほぼ半々となり、女性の受講生が増えています。

有名な卒業生としては、元日本代表サッカー選手の川島永嗣さんがいます。不動産投資スクールを受講した川島さんは、移籍先の地ベルギーで投資用不動産を購入するほどのリテラシーを身につけたそうです。

社会人でも学び続けられる

ファイナンシャルアカデミーの人気は、お金についての知識を得られるというだけではなさそうです。お金と真剣に向き合う人が集まって、お金についての話を当たり前にできる仲間とのコミュニティがあることも人気の理由とのことです。

「コミュニティの場はオンライン・オフラインの両方で展開され、年齢、性別、住んでいる場所に関係なく、情報交換や悩み相談をして、学びのモチベーションを向上させてくれます。また、仕事が忙しい人は実際に教室まで足を運ぶ必要もありません。講義は、ウェブ上でも受けられ通勤途中やランチタイムなど隙間時間を活用し、繰り返し授業の動画を見ることで、自然と知識を身につける受講生も多くいます。ファイナンシャルアカデミーのメインスクールは約15回の授業をおよそ3～4カ月かけて行われますが、受講期間は2年あります。1度目の受講で身につけた知識も2度、3度と繰り返し受講することでさらに理解を深めることができます」

ファイナンシャルアカデミー広報部から、最後に次のようなメッセージをいただきました。

「正しい知識を持たずして投資をすることは非常に危険です。誰かにすすめられたとか、雑誌で人気だったとかではなく、自分自身で十分なリテラシーを身につけて、選択することが重要です。そのためにも2年という十分な受講期間が設けられているのです。人生100年時代。自分らしく豊かな人生を送るためには、他人任せではなく自助努力が必要な時代です。『老後の不安をなくしたい』『もっと貯金体質になりたい』『投資でお金を増やしたい』など少しでもお金と向き合いたいという想いを持っている人は、ぜひファイナンシャルアカデミーのウェブサイトをのぞいてみてください」

［第5章］

利用しないなんてもったいない！「学び直し」の公的支援制度

あなたをサポートする職業実践力育成プログラムとキャリア形成促進プログラム

現在、政府は社会人の「学び直し」、および「学び直し」を提供する「リカレント教育」の拡充に非常に力を入れています。

力を入れるといっても、政府が民間人や民間企業に何かを命令して強制的に行動させることはできませんから、その仕組みは、補助金であったり助成金であったり法律や制度を整えることで、間接的な行動の誘導をすることになります。

政府が「学び直し」に力を入れる目的は大きく分けると二つになります。

一つは、卒業して社会人になった人への再教育の振興です。文部科学省が管轄する大学や専門学校などの教育機関に対して、新たな市場を創設する目的もあります。

もう一つは、厚生労働省が管轄する雇用市場において、「学び直し」で人材の付加価値を高めることで、企業内での専門人材を養成するとともに、失業を減らし、転職を容易にして雇用の流動性を向上させることです。

そのため「学び直し」は主に文部科学省と厚生労働省の二つの省庁によってリードされ、

内閣府や経済産業省とも連携しています。

しかし、日本においては政府の旗振りにもかかわらず「学び直し」はなかなか進んでいません。

25～64歳の社会人のうち、大学などの教育機関に通学して教育を受けている人の割合は、英国が16％、アメリカが14％もあるのに対し、日本は2・4％と、OECD平均の11％を大きく下回っています。

その理由として文部科学省「社会人の大学等の学び直しの実態把握に関する調査研究」（2016）では、「費用が高すぎる」が37・7％、「勤務時間が長くて十分な時間がない」が22・5％、「関心がない・必要性を感じない」が22・2％、「自分の要求に適合した教育課程がない」が11・1％、「受講場所が遠い」が11・1％で、上位の回答を占めていました。

そこで、文部科学省では、まず教育機関が提供するリカレント教育課程を増やすこと、その内容を充実させることの二つを目指しました。

[図表2] 学び直しの国際比較

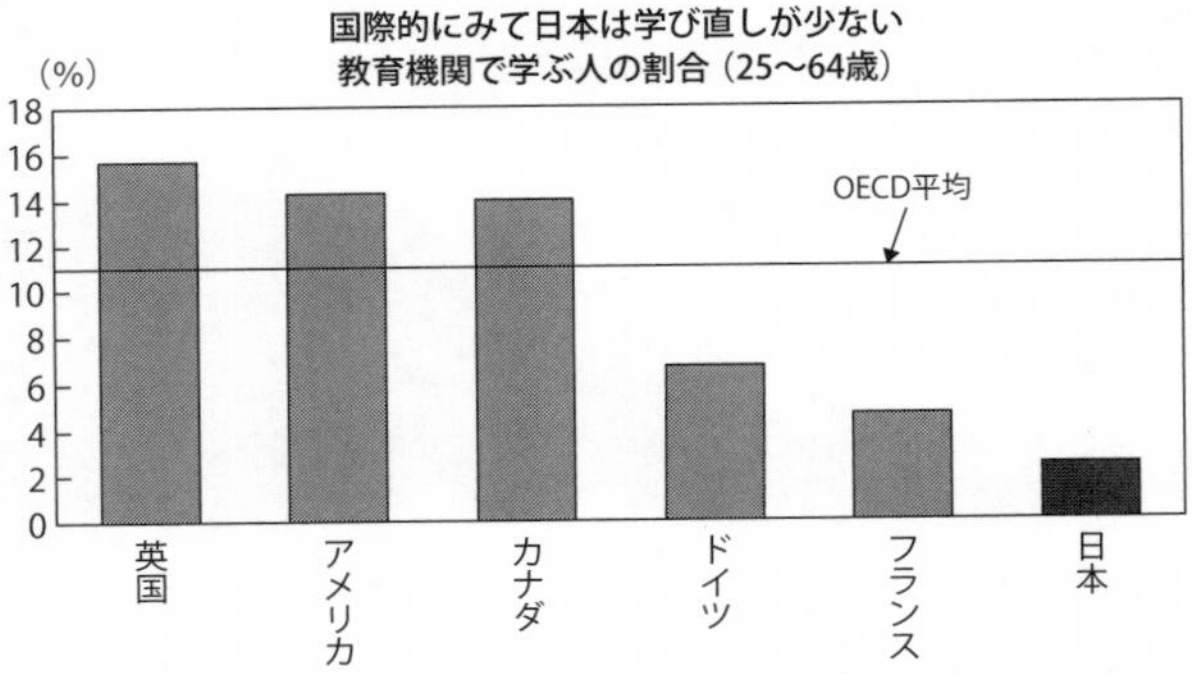

(備考)OECD "Education at a Glance 2017"により作成。データはOECD "Survey of Adult Skill (PIAAC)"(調査年は2012年または2015年)。原則として25〜64歳のうち大学など学校教育体系に含まれる教育機関でフルタイムの教育を受けている人の割合を集計している。

[図表3] リカレント教育の課題

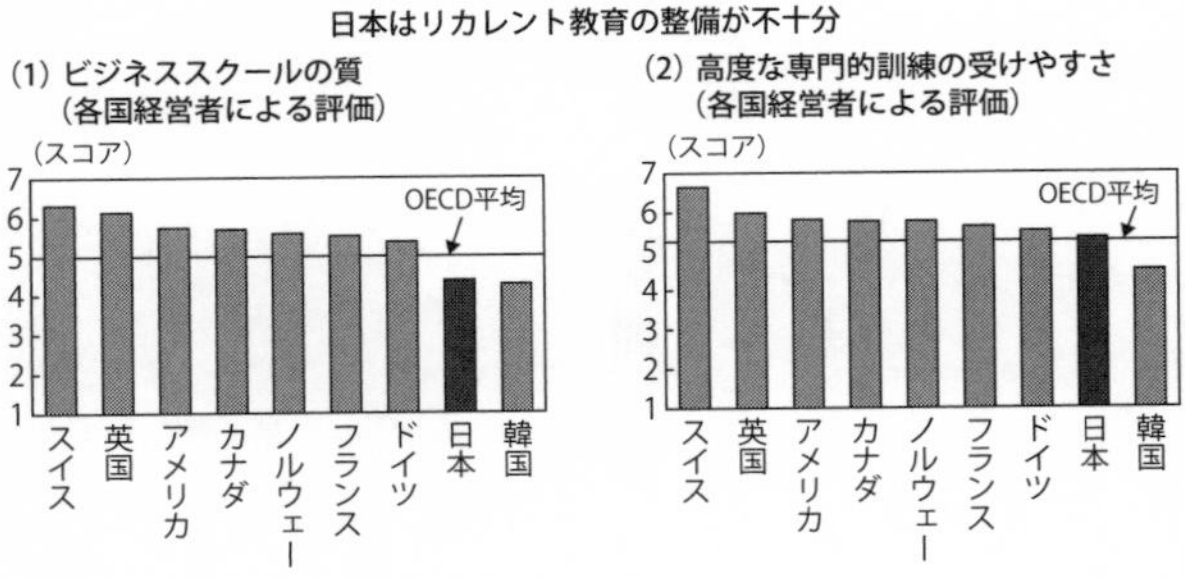

出典:内閣府「平成30年度　年次経済財政報告　第2章　人生100年時代の人材と働き方」

そのために創設された制度が、「履修証明プログラム」と「職業実践力育成プログラム（BP）」と「キャリア形成促進プログラム」です。

履修証明プログラムとは、大学や大学院、短大や専門学校などが社会人向けのプログラムを提供した場合に、その修了者に履修証明書を交付できるようにしたものです。これによって、受講生は自らが教育機関で学んだことを、自分の働く組織や就職を希望する企業に対して証明することができるようになりました。

四年制大学を卒業すると学士号が、大学院の修士課程を修了すると修士号を得ることができますが、それと同様に、リカレント教育でも修了証明書を得ることができます。

履修証明プログラム制度の創設によって、リカレント教育を受けることの意義が高まり「学び直し」の増加が期待できます。受講生が増えれば、大学や専門学校などの教育機関も、リカレント教育課程を増強することが可能になります。

有意義な講義が増えれば、さらに受講生の増加を見込めるため、文部科学省は優秀な講義を選んで認定する、職業実践力育成プログラム（BP：Brush up Program for professional）認定制度も続けて設定しました。

職業実践力育成プログラム認定制度とは大学、大学院、短期大学および高等専門学校の正規課程、もしくは履修証明プログラムに認定された教育課程のなかで、主に社会人を対象とした実践的・専門的な課程を、リカレント教育に適した講座と認定するものです。

一方、専門学校（専修学校専門課程）の教育課程の認定を行うのがキャリア形成促進プログラム認定制度です。

職業実践力育成プログラムやキャリア形成促進プログラムに選ばれた教育課程のうち一定の基準を満たすものについては、厚生労働省の教育訓練給付の対象講座となるため、受講生は学費の補助を受けることができます。

文部科学省は、職業実践力育成プログラムやキャリア形成促進プログラムによって、①社会人の学び直す選択肢の可視化、②大学等におけるプログラムの魅力向上、③企業等の理解増進が期待できると考えています。さらに、厚生労働省の教育訓練給付制度やキャリアアップ助成金などとの連携で、社会人の「学び直し」が推進されています。

学び直しの費用を助成する教育訓練給付制度

教育訓練給付制度とは、労働者の主体的な能力開発の取り組みやキャリア形成を支援するとともに、失業を減らして、雇用の安定や再就職の促進を図るために支給される補助金です。

簡単にいえば、失業した人が新たな職を見つけられるように、スキルアップするために学び直しをするときの費用を助成する制度です。

支給対象となるのは、雇用保険のある会社で一定期間以上働いた社会人です。

雇用保険とは、会社などで働いていた人がリストラされたり、あるいは自発的に辞めたりなどで無職になったときに、その間の生計を立てるために給付金の支払いを受けるための制度です。失業というリスクに対する保険なので失業保険と呼ばれることもありますが、正式名称は雇用保険です。

雇用保険の保険金は、企業などで働いている人や人を雇用した企業が負担します。そのため、失業した人のすべてが給付金をもらえるわけではなく、一年以上、企業などで雇用保険に加入していた人だけが対象になります（ただし、倒産や解雇などで失業した場合は一年未満でも給付対象になります）。

教育訓練給付制度も、この雇用保険の制度なので、一年以上、雇用保険のある会社で働いていた人だけが受給できます（ただし二回目の利用の場合は三年以上の勤続が必要になります）。

具体的にいえば、企業で働いていたものの、リストラなどの対象となり再就職のために教育訓練を受けたいと考えている人、および現在もなお企業・団体などで働いているもののキャリアアップのために職業訓練を受けたいと考えている人が主な対象となります。

教育訓練給付制度の対象になるのは、厚生労働大臣の指定を受けた教育訓練講座だけです。指定を受けていない学校に通っても、その費用を助成してもらうことはできません。

ですから、実際に教育訓練を受ける前に、ハローワークに支給要件を確認することをおすすめします。電話での問い合わせは受け付けていないので、お近くのハローワークに出向いて訊ねてみてください。

この教育訓練給付金には、①一般教育訓練給付金と、②特定一般教育訓練給付金と、③

専門実践教育訓練給付金との3種類があります。

①一般教育訓練給付金

一般教育訓練給付金とは、通常の教育訓練給付金のことで、教育訓練施設に支払った金額の20％（上限は10万円）に相当する額が支給されます。

つまり、学費が50万円であれば10万円が支給されて40万円が自己負担になります。学費が30万円だった場合は6万円が支給されて、24万円が自己負担になります。

給付金がもらえるのは訓練修了後です。つまり、いったんは全額を自己負担で支払って受講しなければなりません。また、途中で止めた場合は給付金はもらえません。

なお、キャリアコンサルタントが行うキャリアコンサルティングを受けた場合も支給対象となります。キャリアコンサルティングの場合の支給上限は2万円なので、10万円を支払った場合に2万円が支給されて、8万円が自己負担となります。

②特定一般教育訓練給付金

特定一般教育訓練給付金とは、厚生労働大臣に指定された教育訓練のなかでも、ＩＴスキルなど特にキャリアアップ効果が高いと認定された講座に対して、通常であれば費用の20パーセントの支給になるところを、特別に40％（上限は20万円）まで支給されるようになったものです。

つまり、学費が50万円の場合は20万円が支給されて、30万円が自己負担になります。

どの講座が通常の一般教育訓練給付金で、どの講座が特定一般教育訓練給付金に指定されているかは、それぞれの教育機関に問い合わせなければわかりません。特定一般教育訓練指定講座を教えてほしいと問い合わせれば、すぐに答えてくれるはずです。

具体的には、税理士養成講座、社会保険労務士養成講座、宅地建物取引士養成講座、介護職員初任者研修講座、介護支援専門員養成講座、介護福祉士養成講座、保育士養成講座、行政書士養成講座、自動車免許取得講座などが、特定一般教育訓練に指定されています。ただし、それらに該当していても指定を受けていない講座もたくさんあるので、注意が必要です。

③専門実践教育訓練給付金

専門実践教育訓練給付金とは、教育訓練のなかでも、中長期的なキャリア形成を支援する専門的・実践的な教育訓練に対して支給されるものです。

専門性を高めるための難易度の高い教育訓練が対象となるため、受講者が支払った教育訓練経費の50パーセント（上限は年間40万円）が支給されます。たとえば2年間で160万円の学費を支払った場合、そのうち80万円が支給されます。

一般教育訓練給付金の支給は訓練修了後ですが、専門実践教育訓練は期間が長期間にわたるものが多いので、修了前でも支給対象になることがあります。

さらに、修了から1年以内にその教育訓練で得た資格取得などによって正職員に雇用された場合は、教育訓練経費の70パーセント（上限は年間56万円）までが追加で支給されます。

ただし、専門実践教育訓練給付金を受けるためには、受講前に、訓練対応のキャリアコンサルタントによるキャリアコンサルティングを受ける必要があります。その人にマッチングした教育訓練を探して、無謀な挑戦でお金と時間の無駄を避けるための措置です。
専門実践教育訓練に指定されているものは、主に次のようなものです。
（1）業務独占資格、名称独占資格などの資格取得を目標とする教育課程（1～3年）
看護師、介護福祉士、保育士、建築士などの教育課程
（2）専門学校の職業実践専門課程（2年）
工業、医療、商業実務などの専門学校の教育課程
（3）専門職大学院（2～3年）
教職員大学院や法科大学院などの教育課程
（4）職業実践力育成プログラム（2年以内）
大学等で実施されている職業実践力育成プログラム（146ページ参照）の教育課程
（5）一定レベル以上の情報通信技術に関する資格取得を目標とする教育課程（2年以内）
情報処理安全確保支援士、ネットワークスペシャリストなどの教育課程
（6）第四次産業革命に関するスキル取得を目標とした教育課程（2年以内）

ＡＩ、データサイエンス、セキュリティなどの教育課程

また、２０２２年３月31日までの時限措置ですが、初めて専門実践教育訓練給付金教育訓練を受講する人で、45歳未満で失業中などの場合は、生活費として特別な手当てが受けられる場合があります。これは教育訓練支援給付金と呼ばれています。

なお、厚生労働大臣の指定した教育訓練講座については以下のＵＲＬで検索ができます。

教育訓練給付制度　厚生労働大臣指定教育訓練講座　検索システム（厚生労働省）

https://www.kyufu.mhlw.go.jp/kensaku/

フリーターや主婦でも使える求職者支援制度

教育訓練給付制度は、支給対象が雇用保険の加入者であるため、フリーターや非正規雇用など、雇用保険を受給できない方では申請することができません。

そこで、雇用保険を受給できない求職者向けに、厚生労働省は求職者支援制度を用意しています。これは困窮している求職者向けにいくつかの仕組みがセットになったものです。

①無料の職業訓練（求職者支援訓練）
②収入や資産が足りない場合、生活のための給付金の支給（職業訓練受講給付金）
③ハローワークを中心とする就職支援

求職者支援制度はハローワーク（公共職業安定所）のシステムです。そのため、支援を受けるためには、ハローワークに求職の申し込みをしていること、労働の意思と能力があることなど、いくつかの条件があります。

しかしながら、学校を中退しているとか、自営業を廃業したとかで雇用保険の加入者になっていないような方でも、どなたでも受けられるため、求職者には命綱となります。

職業訓練受講給付金が支給される場合は、生活費に相当する受講手当てとして月額10万円、訓練所に通うための通所手当て（交通費）、訓練を受けるために必要な場合は寄宿手当てなども支給されますので、生活を立て直すためにぜひ使ってみてください。

学び直しを推進する企業には人材開発支援助成金なども豊富に用意

教育訓練支援制度や、求職者支援制度は、あくまでも個人の労働者が学び直しに対して前向きになれるようにとの目的で支給されるものでした。

一方で、労働者を雇用する側の企業にもリカレント教育に対する理解や意識の向上が必要です。そこで厚生労働省は、企業に対する助成金も用意しました。

かつては「キャリア形成促進助成金」という名前だったのですが、現在は「人材開発支援助成金」と名称が変更されました。

これは、職務に関連した専門的な知識および技能を修得させるための職業訓練等を、労働者に受講させる事業主等に対しての助成金です。

助成金を活用することで、低コストで労働者の能力開発を行うことができますので、経営者の方はぜひ使ってみてください。

人材開発支援助成金には、大きく分けて以下の7つのコースがあります。

これらは企業が対象になっているため、支給要件は非常にわかりにくく、また制度の変更も多いため、必ず厚生労働省に確認をしてください。

①特定訓練コース

厚生労働省が特に力を入れている教育訓練に対しての助成です。

採用5年以内で35歳未満の若年労働者への訓練や、熟練技能者の指導力強化、技能承継のための訓練、海外関連業務に従事する人材育成のための訓練、直近2年間に継続して正規雇用の経験のない中高年齢新規雇用者等（45歳以上）を対象としたＯＪＴ（オンザジョブトレーニング）付き訓練などが対象となります。

助成金は、中小企業の場合、賃金助成が一人一時間あたり７６０円、経費助成が45％となります。ただし生産性要件を満たした場合は増額になります。

②一般訓練コース

特定訓練コースに該当しない、その他の職務に関連した知識・技能を習得させるための訓練が対象となります。

助成金は、賃金助成が一人一時間あたり３８０円、経費助成が30％となります。ただし生産性要件を満たした場合は増額になります。

③教育訓練休暇付与コース

労働者に訓練を受けさせるために、有給教育訓練休暇等制度を導入し、労働者が当該休暇を取得して訓練を受ける場合の助成です。

助成金は教育訓練休暇制度を導入した場合は定額で30万円、長期教育訓練休暇制度を導入した場合は定額で20万円と、取得者一人一日あたり６０００円の支給になります。ただし生産性要件を満たした場合は増額になります。

④特別育成訓練コース

非正規の有期契約労働者（契約社員・パート・派遣社員など）に対して職業訓練を行った場合の助成です。

助成金は賃金助成が一人一時間あたり７６０円、経費助成が職業訓練の時間によって異なりますが、１００時間未満で10万円、２００時間未満で20万円、２００時間以上なら30万円となります。ただし生産性要件を満たした場合は増額になります。

⑤建設労働者認定訓練コース

建設業の中小事業主等が認定訓練を実施する、または建設業の中小事業主が建設労働者に有給で受講させる場合の助成です。

助成金は賃金助成が一人一日あたり380０円、経費助成が対象経費の6分の1となります。ただし生産性要件を満たした場合は増額になります。

⑥建設労働者技能実習コース

安全衛生法に基づく教習など、建設業の事業主等が建設労働者に有給で技能実習を受講させる場合の助成です。

助成金は20人以下の事業主の場合は賃金助成が一人一日あたり760０円、経費助成が対象経費の4分の3となります。ただし生産性要件を満たした場合は増額になります。

⑦障害者職業能力開発コース

雇用する障害者に対して職業能力開発訓練事業を実施する場合の助成です。

助成金は重度身体障害者、重度知的障害者の場合、一人あたり運営費の5分の4（上限17万円）となります。


長期的な視点で経営を考えるのであれば労働者の成長は欠かせません。企業の担当者の方は検討だけでもしてみてください。

ちなみに企業に対する助成金は、人材開発関係だけでなく豊富なメニューが用意されています。

たとえば、中小企業が仕事と育児・介護の両立支援に取り組んだ場合には両立支援等助成金が用意されており、非正規労働者の待遇を改善した場合にはキャリアアップ助成金が用意されています。

そのほか、障害者の雇用、高齢者の雇用、母子家庭の母や発達障害者などの就職困難者の雇用、あるいはリストラした者の再就職を支援した場合など、各種の助成金がありますから、チェックしたり、社会保険労務士と相談したりしてみてください。

事業主の方のための雇用関係助成金（厚生労働省）

https://www.mhlw.go.jp/stf/seisakunitsuite/bunya/koyou_roudou/koyou/kyufukin/

［図表４］ 教育機関・公的助成 選択の流れ

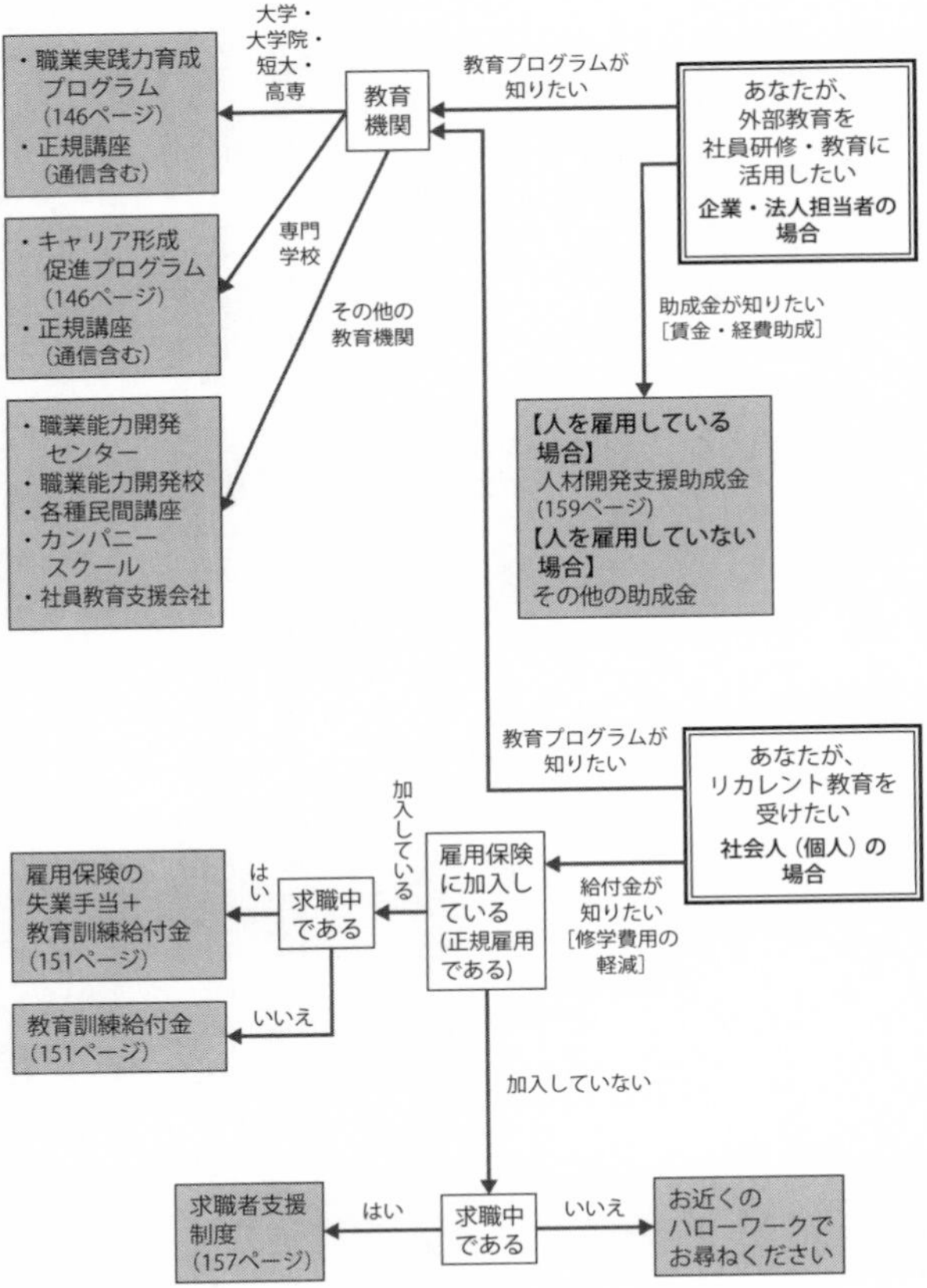
あなたが、
外部教育を
社員研修・教育に
活用したい
企業・法人担当者の
場合
教育プログラムが
知りたい
教育
機関
大学・
大学院・
短大・
高専
・職業実践力育成
プログラム
（146ページ）
・正規講座
（通信含む）
専門
学校
・キャリア形成
促進プログラム
（146ページ）
・正規講座
（通信含む）
その他の
教育機関
・職業能力開発
センター
・職業能力開発校
・各種民間講座
・カンパニー
スクール
・社員教育支援会社
助成金が知りたい
［賃金・経費助成］
【人を雇用している
場合】
人材開発支援助成金
（159ページ）
【人を雇用していない
場合】
その他の助成金
あなたが、
リカレント教育を
受けたい
社会人（個人）の
場合
教育プログラムが
知りたい
給付金が
知りたい
［修学費用の
軽減］
雇用保険
に加入し
ている
（正規雇用
である）
加入している
求職中
である
はい
雇用保険の
失業手当＋
教育訓練給付金
（151ページ）
いいえ
教育訓練給付金
（151ページ）
加入していない
求職中
である
はい
求職者支援
制度
（157ページ）
いいえ
お近くの
ハローワークで
お尋ねください

［第6章］

「学び直し」で切り拓く未来

変わりゆく社会に対応するための新しい学び直し

２０２０年の新型コロナウイルス感染症の流行は、私たちの知っていた今までの世界を一変させてしまいました。

ワクチンによる予防と抗生物質による治療法が確立したはずの現代で、一種類の感染症がこれほどの死者を出すとは誰も予測していませんでした。

そのため世界各国では、いわゆるロックダウンと呼ばれる都市封鎖が行われ、人の移動と外出が厳に制限されました。人と人との接触が感染症を拡大させるため、極力、接触を控えるように移動制限が行われたのです。

日本も例外ではありませんでした。海外のように罰則などはなかったものの、政府から「緊急事態宣言」が発令され、営業自粛や外出の自粛が大々的に呼び掛けられました。

あくまでも「自粛」の要請だったので、営業を続けた店舗などもありましたが、政府やメディアから名指しで呼びかけられて営業停止するはめになりました。

インターネット上では、外出している人や営業している店舗を見つけては非難する声が高まり、「自粛警察」なる新しい用語が生まれました。

小中学校、高校、大学も3月から5月まで約3カ月間にわたって休校となり、会社も社員に在宅でのリモートワークをすすめるなど、当たり前に存在していた日常があっというまに崩壊していく様子が見てとれました。

不幸中の幸いといいましょうか、これまで技術的には可能とされていても、現場の人間の心理的な抵抗感が強く、なかなか進まなかった在宅勤務やリモートワークやオンライン会計やオンライン授業が、新型コロナウイルスの流行をきっかけとして一気に広がったことは、今後の社会の行く末を考えるうえで外せないできごとです。

突然、オンラインミーティングやオンライン講義をせざるを得なくなった年配者のなかには、やり方がわからなくて戸惑ったり、操作方法を覚えるのに余計な時間がかかったり、ノウハウがないために慣れない人が多くいました。

これまでは特別に必要がなかったからといって、SNSもせず、チャットも使わず、スマホのカメラですらろくに使ったことがないという人が、想像以上に大勢いたのです。

私たちの住む世界は、技術の進歩が早く突然の変化も多く、その分トラブルも多く、人々の興味関心もすぐに移り変わってしまうため、従来と同じことをしていたのではいつどこで足をすくわれるかわかりません。

新型コロナウイルス感染症の流行は、はからずも私たちに、常に学び続けることの大切さを教えてくれました。

継続的な「学び」は人生をより良くしてくれる

「学び直し」と聞いたときに、皆さんはどのような印象を持つでしょうか。

せっかく学校を卒業したのに、また「学ぶ」のかと、ネガティブなイメージを持った方もいると思います。

「学び直し」の人気がないのは、学校教育と受験勉強に良いイメージを持っていない人が多くいるからではないでしょうか。

実際、日本は海外に比べて、学び直しのために教育機関に通う人がかなり少ないようで、日本型社会システムの弱点や競争力の低下の原因といわれています。

社会の変化やグローバル化が激しい現代では、学校で学んだこともすぐに古びて陳腐化してしまうので、現代に生きる私たちは常に学び続けなければならないのです。

そもそも、何かを学ぶのに適正年齢はありません。

語学や音楽は耳が柔軟な子どものうちのほうが上達しやすいとか、大人になると記憶力が衰えて暗記がなかなかできなくなるといったことはありますが、本質的な問題ではありません。

なぜならば、何かを学ぶとは自分自身を成長させることであり、他人と競争するものではないからです。ですから、**学びたいと感じたときが常に学ぶときであり、何歳であろうと学べば学んだだけ成長するのですから、年齢は関係ない**のです。

私は、皆さんに、生涯を通じて学ぶことを楽しみとするようになり、その学びを社会に役立てるような人生を送っていただきたいと考えています。

また、学びとは学校などの専門教育機関で行われるものだけを指すのではなく、本を読んだり、セミナーに出かけたり、通信教育を受講したり、テレビやネット動画を見たりといった自己研鑽はすべて学びに位置づけられるものだと思います。

しかし、人間は弱いものなので、独学の場合は途中でやめてしまうことがあります。ま

[図表５] 自己啓発の種類別にみた効果

自己啓発は特に通学による効果が高い

（１）自己啓発の内訳

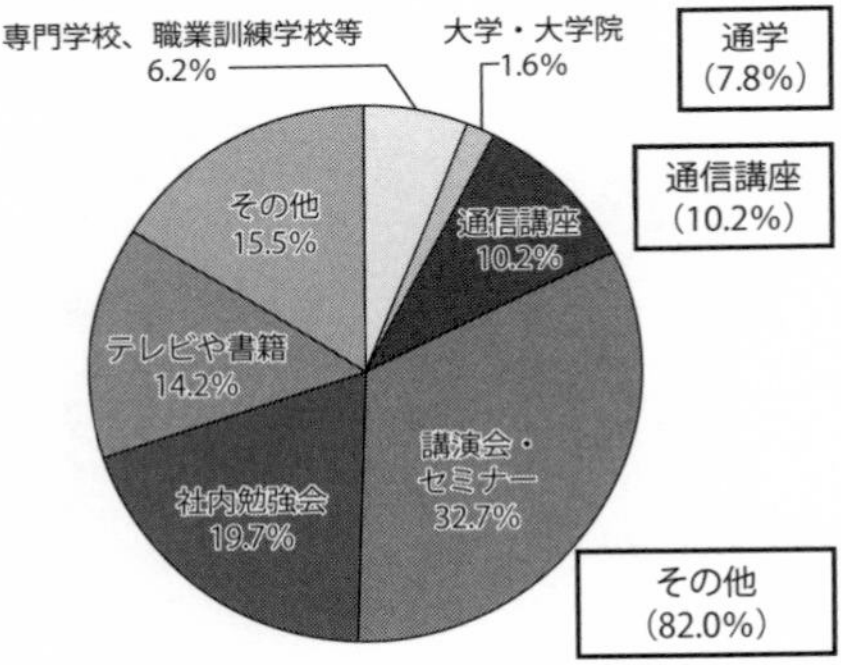

（２）通学・通信講座・その他の自己啓発の効果

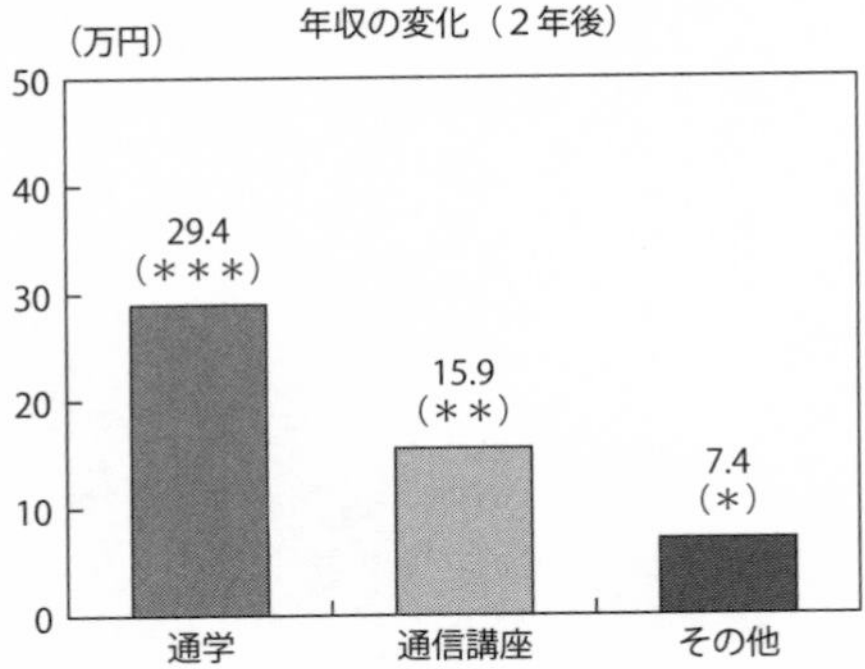

※カッコ内について、＊＊＊は１％水準、＊＊は５％水準、＊は10％水準で有意であることを表す

出典：内閣府「平成30年度 年次経済財政報告　第２章 人生100年時代の人材と働き方」

た、誰かにプログラムを組んでもらわないと、一人では全体像が見えないために、体系的な学習にならないことがあります。

実際、慶応義塾大学の調査によれば、社会人の自己啓発は、教育機関に通学して学んだときのほうが、通信講座や独学の場合よりも、年収や就業確率など、学びの効果が大きくなるのだそうです。これは通学の場合のほうが学習内容を他人に証明しやすいので、企業からの承認が得られやすいことが関係していると思われます。

定年後は好きな仕事だけをしよう

人生100年時代といわれても、あまりピンと来ない方もいらっしゃるかもしれません。しかし、現代の日本人の寿命は確実に昔よりも長くなっています。

現在、日本には100歳以上の長寿者、センテナリアンが7万人以上も存在しています。一昔前には、100歳というだけで珍しかったので、100歳超えの双子姉妹である「きんさんぎんさん」がテレビタレントとして重宝されましたが、もはや100歳というだけで注目されるのは難しいでしょう。

寿命の伸びは、私たちの生活にも影響を及ぼしました。

世界で最も長く放送されているテレビアニメとしてギネスブックにも掲載されている国民的番組『サザエさん』ですが、ここに描かれている日本の会社や家族の風景が、現代のそれとはまったく異なってしまったことにお気づきでしょうか。

いまや三世代が同居する家庭は珍しくなりましたし、東京都世田谷区で三世代同居ができる庭付きの平屋一戸建てを見つけるのは難しいでしょう。

また、サザエさんの父である磯野波平――家ではいつも着物姿で、頭の薄くなったちょびひげのおじいちゃんですが、彼の年齢は公式設定で54歳です。割烹着の似合う奥様の磯野フネも50ン歳です。当時のアラフィフというのは、たとえ働いていたとしても、もう孫もいるご隠居さんに近かったのです。

ところが、いまのアラフィフはまだまだ現役です。有名なサラリーマン漫画『課長島耕作』の主人公である島耕作は、54歳の頃は『取締役島耕作』として世界中を飛び回っています。あくまでも漫画の絵の話ですが、40代といっても通じるような描かれ方をしています。

テレビアニメ『サザエさん』の放送が始まったのは1969年のことです。その頃には50代半ばともなれば、もう悠々自適の引退が視野に入っていたものですが、いまの50代半ばはまだまだ遊びにも仕事にも元気があるでしょう。

会社に勤めていれば、役職定年だなんだで一線を退くことになるかもしれませんが、仕事の能力は衰えてないどころか、人脈も経験も最も充実している時期だと思います。このような50代、60代を、今までと同じ仕事ができなくなったという理由だけで、衰退期のようにとらえるのはもったいないです。

人生100年ですから、50代で役職定年となっても残りの人生はまだ半分あります。そこで現代では、多くの人が50代からはセカンドキャリアとして、転職や独立をして新しい人生を楽しんでいます。まさに働く人生50年といえるでしょう。

なぜセカンドキャリアが楽しいものになるのか。

それは一つには年金の存在です。60歳を超えれば、多かれ少なかれ支給資格が得られるのですから、最低限の生活費を稼ぐためにあくせくする必要がなくなります。

そこでほとんど個人事業主のようなかたちで会社をつくり、毎月数万円でもいいやと割り切って、好きなことだけをやっていれば、社会との接点を持ちつつ、やりがいや達成感を得ることができて、なおかつ仕事ですから他人から感謝されてストレスフリーの生活を送ることができるのです。

多くの定年退職者が似たようなかたちでセカンドキャリアを充実させています。

もちろん、ゆるい起業といっても、お客さまのいる仕事ですから手抜きは許されません。そこで仕事が楽しいものとなるのは、気に入らない仕事は断って、自分が集中できる楽しい仕事にだけ絞って成果を上げているからです。

人間は、好きな仕事をすべて自分の裁量で行うことができるとなれば、成果を上げるためにいくらでも準備も勉強もするものです。学び直しというよりも、常に学びながら成長していくイメージになります。

こうして、起業自体はゆるくても、そのための学習には決して手を抜かない、高付加価値企業ができあがります。これが、定年退職後の仕事の一つの理想形です。

キャリアを棚卸しして、自分にいちばんの学びに向かおう

もちろん、まだ定年退職後のことを考えるのは早いし、いまいる会社でもっとがんばりたいと考える30代や40代の方にも、学び直しはおおいに有効です。というより、学び直しを行わなければ、キャリアが下り坂になる危険性があります。

たとえば、コンピューターのプログラマーとして非常に優秀だった方がいました。

しかし現在、プログラミング業界においては、次々と新しく便利な言語が開発されており、一昔前のプログラミング言語にいくら精通していても、その言語が廃れてしまえば仕事がなくなるというリスクがあります。

プログラミング言語は、論理的な言語システムをもっていて、一つの言語をマスターしているのならばほかの言語を理解することはそれほど難しくはないのですが、やはり新しい言語に取り組むときには一定量の学習が必要です。

ところが、一つのプログラミング言語で伝説のプログラマーとして知れわたってしまったために、いまさら新しい言語で一年生から始めるのが気がすすまなかったのか、それと

も過去の言語のマスターとしてキャリアの最後まで逃げ切れると思ったのか、学び直しをしないままでいたために職を失ってしまった人がいると聞きました。

学び直しを嫌がる人は「この道ひとすじでやってきたし、今までやってきたことを極めたい」、「新しいことを学ぼうとはしていないかもしれないが、今の仕事でたいへんな努力をしている。決してさぼっているわけではない」などと言います。その気持ちは痛いほどよくわかります。

けれども、技術革新や時代の変化によって、市場で求められることは刻一刻と移り変わっていきます。以前はそれで食えていたとしても、今後も同じことをしていて食えていけるとは限りません。

そこで必要なのが、大人の「学び直し」です。

社会人の学習を研究する、立教大学の中原淳教授が、その著書『働く大人のための「学び」の教科書』に記しているところによれば、「大人の学び」とは「自ら行動することで経験を蓄積し、次の活躍の舞台に移行することを目指して変化すること」なのだそうです。

言い換えれば、**自分がいまどのようなキャリアの途上にあって、現在のポジションはど**

のようなものかをまず客観的に把握すること（キャリアの棚卸し）。次に、自分がいまいる場所の事業や市場の環境を理解すること、そのうえで今後、自分がどのように生きていきたいか、どの方向に進みたいかを考えることが大切です。

キャリアの棚卸しにはＳＷＯＴ分析が有効です。

ＳＷＯＴ分析とは、内部環境である自分の強み（Ｓｔｒｅｎｇｔｈ）、自分の弱み（Ｗｅａｋｎｅｓｓ）、そして外部環境である市場における機会（Ｏｐｐｏｒｔｕｎｉｔｙ）、市場における脅威（Ｔｈｒｅａｔ）をそれぞれリスト化して、どのような方向に進み、どのような施策を行うのが良いかを分析検討するものです。

やり方について本書では詳述しませんが、非常に有名なフレームワークで、ネットでも簡単に調べられるので、ご興味ある方はぜひスマホなどで検索してみてください。

いずれにせよ、**重要なのは最終的に自分で自分の生きる道を決めること**です。

本書では何度か「学び直しをしないと取り残されてしまう」といった文言を使ってきました。それは「人は生存不安を脅かされたとき、なおかつ学習不安がなくなったときに、はじめて学習に向かう」という、マサチューセッツ工科大学のエドガー・シャイン元教授の研究にならったものです。

しかし「生存不安を脅かされつつ学習に向かう」のでは、それが楽しいものになるとは思えません。学習が楽しく生産的なものになるためには、学習することそのものが楽しく、自ら積極的にそこに向かうことが必要ではないかと思います。

皆さまの学習が喜びに満ち溢れたものになるよう祈ります。

おわりに

毎日、新聞数紙に丹念に目を通して、気になった記事をスクラップするのも私の日課です。

最近、スクラップしているなかに、毎日新聞の「終わらない氷河期　疲弊する現場で」という連載があります。ここには胸をしめつけられるような話が多く掲載されています。

小学校入学とともに両親が離婚し、引き取った母親も病気で倒れて働けなくなり中卒で工場で働くことになった女性。一念発起して定時制高校に進学して卒業するものの、就職氷河期で良い仕事が見つからず、アルバイトでのその日暮らし。30代になってからようやく介護施設で正社員となったものの、うつ病に悩まされる毎日。いまは42歳ですが「年を取るのが怖い」と述懐しています（2020年3月3日掲載）。

同じく47歳の女性は、専門学校を卒業したものの就職氷河期で求人が少なく、ようやく入社した会社も業績が傾いて倒産。結婚して専業主婦になり、再就職のために産業カウンセラーとキャリアカウンセラーの資格を取得してハローワークの非正規職員として働き始めたものの、3年目で雇い止めにあって職を失います。政府が進める就職氷河期対策にも、本音では「もう遅い」と感じています（2020年2月28日掲載）。

また、日本経済新聞の「Ａｎｓｗｅｒｓ」という連載には、現在を必死に生きるビジネスパーソンの姿が描写されています。

たとえば2020年4月19日には「氷河期世代、45歳の再挑戦」と題して、就職活動に失敗し契約社員などの職を転々とした末に40代半ばになった就職氷河期世代の男性が描かれていました。

非正規の公務員として長年働いてきた彼が、兵庫県宝塚市が2019年に実施した就職氷河期世代向けの正規採用試験に応募して内定を勝ち取るまでの物語です。

採用予定は3人程度（最終的には4人が内定、採用）で、最終倍率が400倍超という難関を突破するまでの話は感動的ですが、その裏には非正規で何度も辛酸を舐めた苦労があります。

また、2020年6月14日の「ＩＴ独学　私の備え」と題された記事では、居酒屋で調理師として働く52歳の男性にスポットを当てています。

実家が料亭だったために素養はあったものの、親に反発して高卒で外車ディーラーという道を選んだ彼が、居酒屋を開業して軌道に乗せるまでのストーリーはよくある話かもしれませんが、新型コロナウイルス感染症の影響で客足がとだえたのは想定外でした。

そのため、妻と小学生の息子がいるこの男性は、なんとスマホを使ってプログラミングの勉強を始めました。将来的に、飲食業界で必要とされるウェブサービスの構築まで思い描く彼の話は、人間がいくつになっても夢を見て挑戦ができる存在であることを教えてくれます。

いま87歳の私もまだまだ学びたいことはたくさんありますが、まずは私より若い皆さまが新しい学び直しで道を拓いていってもらいたい、そのためにお役に立てるならばとの気持ちから、この本を作りました。

私は年のせいで毎日は会社に来られないのですが、その分約1年の時間をかけて、関係者と想を練り、長時間の議論をして、やっと発刊までこぎつけました。特に㈱さんぽうの西和明、傍系の㈱現代企画センター　青木大、土谷泰成の三氏は、担当業務とは別に、心血そそいで本作りに協力してくれました。感謝いたします。

また発行元の幻冬舎メディアコンサルティングの皆さま方、およびライティングを受け持ってくださった田島隆雄様にはこちらの意向を丁寧に汲んでいただいたこと、厚く御礼申し上げます。これらの方々のご協力なしには、この本は陽の目を見なかったところです。私自身「働く人生60年」を実践していますが、この本はまさにその証左となりました。

本書を手に取ってくれた皆さまが、「生涯学習」の精神でよりよい人生を切り拓いていかれることを心より願いつつ、筆を置かせていただきます。

巻末付録1

リカレント教育で社会人になってからキャリアチェンジした方たちの手記

関東職業能力開発大学校附属千葉職業能力開発短期大学校
日本版デュアルシステム　メカトロニクス技術科修了
管野陽介さん

以前から技術系の仕事への興味がありましたが、経験も知識も乏しいことから敬遠して別の仕事をしていました。

そんなとき、以前に職業訓練を受けていた際のキャリアコンサルタントの方から、2年間メカトロニクスについて本格的に学べると本校を紹介され、入学しました。学費が安く、生活面の負担を軽くできることも動機のひとつです。

本校の2年間は、基本的な数学や物理と専門的な授業の両面でカリキュラムが構成されています。実習もチームごとに担当を決めたり、予算内に収めるために工夫を凝らしたりと、だんだん高度になっていきます。

授業は全体的に、単に技術習得だけではなく実践的で、将来の仕事に直接繋がる内容でした。そのため本校の授業に臨む際は、目的意識を持って、明確でなくてもいいから自分の進みたい方向を常に意識して持つことが重要です。

私は修了後、株式会社テクノウェイに就職して、消防署、学校など主に公共機関の電気配線工事を行っています。現在は、これから入社してくる後輩や部下に対して指導する立場になってきています。

将来的に仕事の幅を広げたいと考えていますので、今後は消防設備士や主任技術者等の資格を取得したいと思っています。

松下真由美さん

桑沢デザイン研究所
グラフィックデザイン専攻在学中

幼い頃から絵を描くことが好きで、グラフィックデザイナーになることが私の夢でしたが、親の反対もあり、いったんは夢を諦め、短期大学を卒業し営業事務職として数年間働きました。しかし、グラフィックデザイナーへの憧れは強くなる一方だったため、後悔し続けるのはやめようと決心して上京。桑沢デザイン研究所の夜間部、グラフィックデザイン専攻へ入学しました。

入学時点で私の年齢は25歳。未経験職種への転職が年齢的に可能なのかが気がかりでしたが、夜間部だったこともあり同年代や年上の方も多く、少し安心したことを覚えています。また、クラスメイトの課題制作に対する意識が非常に高く、自分も課題に集中して取り組むことができ、成長を実感する機会が多くありました。そして、在学中に表参道付近にあるデザイン事務所より内定をいただくことができました。

ところが、新型コロナウイルス感染症流行の影響で卒業直後の2020年4月に内定が取消しになり、一転して絶望的な状況に追い込まれてしまいました。

そこでSNS等でポートフォリオを公開し自分の現状を赤裸々に伝えたところ、反響がありフリーランスのデザイナーの方とお仕事をさせていただくなど貴重な経験ができました。

一方で、あきらめずに地道に就職活動を続け、2020年7月に広告制作プロダクションより内定をいただきました。新卒採用に応募したため、勤務開始は2021年の4月からですが、今はそれに向け自主制作活動に励む毎日を送っています。

森ノ宮医療学園専門学校
鍼灸学科午前コース在学中

大空まきこさん

大学卒業後、和装アパレルメーカーに勤めていましたが、結婚・出産を機にアロマセラピスト・整体師の民間資格を取得し、自宅サロンを開業しました。そのなかでつらい症状で苦しんでいるお客さまをたくさん見てきて、「もっと本格的に治療するために鍼灸を学びたい」という思いが強くなり、再進学を決意しました。

子どもがまだ小さいため、家事・育児と現在の仕事に加え、学業がさらにプラスされることが大きな不安でしたが、先生方、家族、友人の支えでがんばってこられたと思います。毎日の生活のなかで勉強時間を確保することが難しかったですが、通学時間などのスキマ時間をうまく利用し、できるだけ効率的に、集中して勉強するようにしてきました。クラスメイトの年齢層は10代～60代までと幅広いですが、みんな仲が良く、お互いに勉強を教え合うことも多く、楽しく過ごしています。テスト前日に子どもの学校行事や発表会が重なったときも、学校の友人がノートを見せてくれたり、分からないところを教えてくれたりと、非常に助けられました。

まだまだ勉強中ですが、自宅サロンのお客さまの身体の不調に、鍼灸の知識を活かして症状改善のお役に立てたこともありました。卒業後はもう少し経験を積み、施術に自信が持てるようになったら、鍼灸院を開業したいと考えています。治らない症状で困っている方に手を差しのべられる、地域の人の健康と心を支える鍼灸師になることが目標です。

長生学園
あん摩マッサージ指圧師科

王尾大介さん
對馬洋平さん
株式会社otto経営

ほかの鍼灸専門学校を卒業後、あん摩マッサージ指圧師の国家資格を目指し、長生学園に通っていたお二人ですが、在学中に意気投合、二人で事業計画を立てていました。そして訪問マッサージの会社を起業。現在、従業員5名を抱える訪問マッサージ会社「株式会社otto」を共同経営しています。

「利用者さんのことを誰よりも知っているのは自分たち、それくらいの気持ちを持って深く関わっている」というくらい、この仕事に魅かれている二人。会話をしながら施術をする、この時間が大好きとのことです。利用者さんとは「若い頃の話」「ご家族のこと」「趣味の話」……などをしますが、そこには利用者ひとりひとりのドラマが詰まっているそうです。

股関節骨折で寝たきりの利用者さんが、ひとりで外出できるまでのプロセスを見続けたり、明日もよろしく、と言ってくれたその日に亡くなった末期がんの方など、多くの人生に接してきました。人が生きていく、ということを改めて考える機会も多い仕事だといいます。

会社を経営することで、マッサージをとおして他人の人生と自分の人生が向き合う。それはふたりの生き方にも大きな影響を与えています。

久保田　遼さん
埼玉県理容美容専門学校
美容科在学中

2年前、私は周囲に流されて進学した私立大学に通っていました。就職は美容業界で考えていました。もともと美容師には興味があり、ひいては美容業界全体にも興味があったからです。

そこで、3年時に美容業界のインターンに参加した際に美容師という専門職への関心が高まりました。私は、美容業界に勤めるよりむしろ美容師としてお客さまに触れたいのだと気づいたのです。

しかし、大学も折り返しを過ぎているなかでまったく異なる新たな一歩を踏み出す勇気は到底ありません。就活時の自己分析からもやりたい職業が美容師であると気づいていましたが、大学に進学して美容系の会社志望へと舵を切った今、あまり現実的には考えていませんでした。

そんな私の考えが崩れたのは、偶然行った美容室に自分の大学のOBの美容師がいたときです。その方は自分の心から好きなことをしていて輝いて見えました。

その後、私も大卒後に改めて専門学校に進学して、やりたい道に進むのがどれほど楽しいことなのか実感しています。

もちろん、私は大学で学んだこと、就活をとおして考えたこともムダだとは思いません。経験したことは広い視野へとつながっています。

将来への分岐点はいつでも設定できるもの。本当にしたいことは何なのかと常に問いかけ続けることで人生は豊かなものになると学び直しのなかで気づくことができました。

湘南歯科衛生士専門学校
歯科衛生士科在学中

田中友梨さん

高校卒業後、病院・調剤薬局の医療事務として働いたあと、歯科医院の受付として働き始めました。

受付での仕事は患者さんと身近に接することが多く、働くなかで経験を積めば積むほど歯科治療についての知識が増えていくようになり、予防歯科の重要性や、口腔の健康が全身の健康に密接に繋がることなどを実感として理解できるようになりました。

歯科医院で働き始めるまでは歯科衛生士と歯科助手の違いもよく分からず、経験を重ねていけば同じようなことができると考えていましたが、歯科衛生士の高い専門性と技術力の高さ、豊富な知識に触れることで、資格の重要性も感じ、歯科衛生士を一生の仕事にしたいと思い、専門学校へ入学しました。

新型コロナウイルスの流行により学外での臨床実習の多くが学内実習に切り替わるなど影響は出ていますが、感染症予防対策などを改めて学べると前向きに考えています。

現在は国家試験に向けての勉強に励んでおり、卒業後は予防処置などのプロフェッショナルケアの実践や患者に合った生活習慣指導やセルフケア指導などといったホームケアの保健指導が行える歯科衛生士を目指していきたいです。

社会人におすすめの資格103

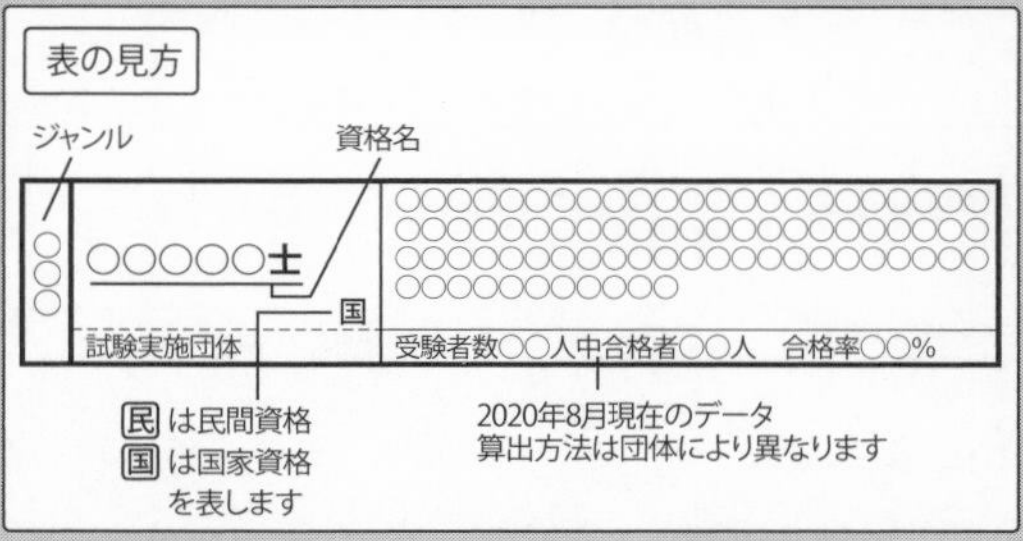

分野	名称(区分)	試験・検定概要
法律・会計	MBA (経営学修士) 民	経営学修士号のこと。本来アメリカの経営学大学院の修了者に与えられる修士号で、経営を本格的に学んだ者として高い評価を受けます。ちなみに経営学学士号は、BBAと呼ばれます。
	----	受験者数　不明
法律・会計	行政書士 国	飲食店の開業や帰化申請など、行政の許可、認可、免許、登録などの手続きに必要な提出書類の作成を代行します。国家試験は筆記試験で行われ、誰でも受験資格があります。
	行政書士試験研究センター	受験者数39,821人中合格者4,571人　合格率11.5%
法律・会計	公認会計士 国	財務書類の作成、財務に関する調査・立案、または財務に関する相談業務を行う。また、試験の前後を問わず実務経験２年間と、実務補修を１～３年間受け、修了考査を受けなければなりません。
	日本公認会計士協会	願書提出数12,532人中合格者1,337人　合格率10.7%
法律・会計	司法書士 国	裁判所、検察庁、法務局に提出する書類を依頼者に代わって作成したり、登記や供託に関する手続きの代行をします。筆記試験合格者に対し、口述試験が行われます。
	法務省	受験者数16,811人中合格者601人　合格率3.6%
法律・会計	社会保険労務士 国	企業を経営して行くうえでの労務管理や社会保険、国民年金、厚生年金保険についての相談・指導を行います。また提出書類や申請書類の作成も行います。
	全国社会保険労務士会連合会	受験者数38,428人中合格者2,525人　合格率6.6%
法律・会計	税理士 国	大学・短大などで法律学・経済学の一定の単位を履修するか、日商簿記検定１級の取得で受験資格が得られます。
	国税審議会／金融財政事情研究会	受験者数29,779人中合格者5,388人　合格率18.1%
法律・会計	知的財産管理技能士 国	弁理士とは違い、あくまで企業内において知的財産の運用を行います。３級は誰でも受験可能。１、２級は実務経験や単位取得の必要があります。
	知的財産教育協会	受験者数10,780人中合格者6,277人　合格率58.2%【1～3級合計】
法律・会計	中小企業診断士 国	中小企業が抱える各種課題に対してコンサルタントを行い、経営の健全化を図ります。５年ごとの資格更新が必要です。
	中小企業診断協会	受験者数17,386人中合格者1,088人　合格率18.3%

分野	名称(区分)	試験・検定概要
法律・会計	ビジネス著作権検定 民	デジタル化、ネットワーク化により、各種コンテンツの著作権が複雑化してきています。正しい知識や、ビジネス実務における慣例などを身につけます。
	サーティファイ著作権検定委員会	受験者数 非公開
法律・会計	ファイナンシャル・プランニング技能検定 国	1～3級まであり、3級は誰でも受検可能です。家族構成、家計の収入、支出内容、資産、負債、保険など、貯蓄や資産運用の設計と手助けを行います。1級、2級は実務経験などが必要となります。
	日本FP協会	受験者数19,747人中合格者14,303人　合格率72.4%(3級)
法律・会計	米国公認会計士 海外	アメリカの公認会計士協会が認めた公認会計士資格。業務は日本の公認会計士とあまり変わりませんが、英語による財務諸表の作成能力が求められます。
	----	全科目の合格者数および合格率は公開せず
法律・会計	弁護士 国	各種訴訟や、不動産、金融上のトラブル、交通事故、離婚などの私的な紛争を、法律に基づき解決します。法律に対しての幅広い知識を要求される司法試験を突破することが必要です。
	司法試験委員会	受験者数4,466人中最終合格者1,502人　合格率33.6%【司法試験】
法律・会計	弁理士 国	発明や独自の意匠、商標に対して、「特許権」「意匠権」「商標権」として権利化し、特許庁へ出願したり、侵害された場合の審判請求・異議申し立てなどを行います。
	工業所有権審議会	受験者数3,488人中合格者284人　合格率8.1%
法律・会計	簿記検定(日商簿記) 民	試験科目は、1級(大学程度):商業簿記、工業簿記、原価計算、会計学。2級(高校程度):商業簿記、工業簿記。3級(初歩):商業簿記。4級(入門者):商業簿記。1級は、税理士試験受験資格が付与の特典もあります。
	日本商工会議所	受験者数7,520人中合格者735人　合格率9.8%(1級)
法律・会計	リテールマーケティング 民	店舗運営、小売業に関する知識を身につけるもの。受講者のレベルごとに1級～3級まであります。
	日本商工会議所	受験者数909人中合格者194人　合格率21.3%【1級】/ 受験者4,916人中合格者2,979人　合格率60.6%【2級】/ 受験者8,125人中合格者4,441人　合格率54.7%【3級】
金融・不動産	土地家屋調査士 国	土地の売買や所有者移転の際に、不動産の表示に関する登記に必要な土地・家屋の調査、測量、申請の手続きなどを行います。誰でも受験することができ、筆記と口述が行われます。
	法務省	受験者数4,198人中合格者406人　合格率9.7%

分野	名称（区分）	試験・検定概要
金融・不動産	**不動産鑑定士** 国	土地を担保にして金融機関から金を借りるときや、国や都道府県が土地を買収するときに、依頼を受けてその土地の価値を金額で評価します。誰でも受験することができ、筆記と口述が行われます。
	土地鑑定委員会	受験者数1,767人中合格者573人　合格率32.4%【短答式】/受験者数810人中合格者121人　合格率14.9%【論文式】/受験者数143人中合格者119名　合格率83.2%【修了考査】
語学・観光	**漢語水平考試** 民	中国政府が公認する中国語力を測るための試験。1級から６級まで（６級が最上位）あります。国際ビジネス系の資格と親和性の高い資格です。
	日本青少年育成協会	受験者数34,018人（年間の全受験者数）※合格者数は公表せず
語学・観光	**実用タイ語検定試験** 民	５級から３級、準２級から1級までの６段階。タイで就労するには準２級以上が目安。２級と１級は翻訳者レベルです。これからニーズの高まる言語です。
	日本タイ語検定協会	受験者数　非公開
語学・観光	**実用フランス語技能検定** 民	フランス語はアフリカなど世界中で公用語として使われています。この検定では「聞く・話す・読む・書く・文法」による総合的な語学力を判断します。
	フランス語教育振興協会	受験者数23,652人※合格者数は公表せず
語学・観光	**実用ベトナム語技能検定試験** 民	年々、経済的なつながりが増している日本とベトナム。語学力のある人が求められています。準６級から１級までの７段階評価となっています。
	日本東南アジア言語普及交流協会	受験者数　703人※合格者数は公表せず
語学・観光	**中国語検定** 民	１級から準４級まで６段階あり、それぞれ筆記とリスニングの２つの試験が実施されています。実務に活かせるのは２級以上が目安となります。
	日本中国語検定協会	受験者数28,119人（年間の全受験者数）※合格者数は公表せず
語学・観光	**TOEIC® Listening&Reading Test** 民	英語によるコミュニケーションとビジネス能力を検定するための試験。キャビンアテンダントやホテルスタッフの英語力が650点以上といわれています。
	国際ビジネスコミュニケーション協会	受験者数2,205,000人（年間の全受験者数）
語学・観光	**TOEFL®iBT** 民	母国語が英語ではない人のための、留学のための英語力判定試験。アメリカ留学には少なくとも80点以上のスコアが必要です。
	CIEE JAPAN	受験者数約80,000人（年間の全受験者数）

分野	名称（区分）	試験・検定概要
語学・観光	旅行業務取扱管理者 国	海外旅行の業務取扱は総合旅行業務取扱管理者、国内旅行の業務取扱は国内旅行業務取扱管理者、また国内において航空運送を除外したものは地域限定旅行業務取扱管理者とされます。
	日本旅行業協会／全国旅行業協会	受験者9,396人中合格者2,549人　合格率27.1%【総合】/受験者数13,946人中合格者5,645人　合格率40.5%【国内】
医療・福祉	介護福祉士 国	2022年度から国家試験が義務化とされていましたが、介護福祉士不足から2027年度以降に先送りされました。不安視された待遇面も改善されています。
	社会福祉振興・試験センター	受験者数94,610人中合格者69,736人　合格率73.7%
医療・福祉	看護師 国	最近は高度医療でのニーズが高く、４年制大学の看護学部設置も増加。医師や薬剤師などとチーム医療の要として活動することも期待されています。
	厚生労働省	受験者数65,569人中合格者56,175人　合格率89.2%
医療・福祉	歯科衛生士 国	人手不足が続いている職業です。歯科医院での求人のほか、介護・福祉施設などでの求人も最近は増加しています。夜間課程の設置も多くみられます。
	歯科医療振興財団	受験者数7,207人中合格者6,934人　合格率96.2%
医療・福祉	はり師及びきゅう師 国	近年ではスポーツや美容分野など、またメンタル医療での活躍も目立っています。
	東洋療法研修試験財団	受験者数4,431人中合格者3,263人　合格率73.6%【はり師】/受験者4,308人中合格者3,201人　合格率74.3%【きゅう師】
医療・福祉	理学療法士 国	90歳以上の超高齢者が増加していますが、QOLを維持させるには、身体の機能を少しでも健康な状態に保つ必要があります。リハビリ施設の求人も増えています。
	厚生労働省	受験者数12,283人中合格者10,608人　合格率86.4%
医療・福祉	臨床検査技師 国	診断に必要な検査を行い、データを作成・提供する臨床検査技師。血液検査、生化学検査、呼吸機能、心電図など、検査のニーズも多様化しています。
	厚生労働省	受験者数4,854人中合格者3,472人　合格率71.5%
医療・福祉	臨床工学技士 国	病院内で、医師・看護師と連携し、最先端の医療機器を操作しています。最近は医療機器も複雑化・高度化したため、スキルと知見が要求されます。
	医療機器センター	受験者数2,642人中合格者2,168人　合格率82.1%

分野	名称(区分)	試験・検定概要
教育	生涯学習コーディネーター 民	子どもから高齢者まで、継続した学びに対する支援を行う者。さまざまな情報を基に、人々に学習を行う学校や団体を紹介したり、調整をします。
	社会通信教育協会	受験者数　非公開
教育	小学校教諭 国	専修・一種・二種の区分があります。専修は修士課程、一種は４年制大学、二種は短大・専門学校の教職課程を修得し、取得します。10年ごとの更新あり。
	教職員支援機構	受験者数505人中採用予定者数302人　合格率59.8%［東京都・公立小学校の場合］
教育	保育士 国	保育所、乳幼児託児所、児童養護施設などで活躍できます。近年では待機児童問題による人手不足から、地域限定保育士試験が広がっています。
	全国保育士養成協議会	受験者数68,388人中合格者13,500人　合格率19.7%［全科目免除者を除く］
建設・情報・IT	ITストラテジスト 国	企業の経営戦略に基づいて、ビジネスモデルや企業活動における特定のプロセスについて、情報技術を活用して改革・高度化・最適化するための基本戦略を策定・提案・推進します。
	情報処理推進機構	受験者数4,938人中合格者758人　合格率15.3%
建設・情報・IT	ITパスポート 国	総合的なITの知識を問うもので、AI、ビッグデータ、IoTなど比較的新しいものから経営、マーケティング、セキュリティまで幅広い知識を要求されます。
	情報処理推進機構	受験者数103,812人中合格者56,323人　合格率54.3%
建設・情報・IT	基本情報技術者 国	情報技術の基本的な知識・技能を持ち、一連のプロセスを担当する者を対象とした試験。テクノロジー系、マネジメント系、ストラテジ(戦略)系などの分野から幅広く問います。
	情報処理推進機構	受験者数48,992人中合格者14,519人　合格率29.6%
建設・情報・IT	応用情報技術者 国	主に基本戦略の立案やITソリューション・製品・サービスを実現する業務に従事する者が対象。テクノロジー系・マネジメント系・ストラテジ系分野をカバーし、応用力を測ります。
	情報処理推進機構	受験者数32,845人中合格者7,555人　合格率23.0%
建設・情報・IT	システム監査技術者 国	企業などに導入したシステムが正常に動いているか点検・評価・検証できるようになる資格。高度情報処理技術者試験にカテゴライズされます。受験者のレベルは高く、難関資格であると言えます。
	情報処理推進機構	受験者数2,879人中合格者421人　合格率14.6%

分野	名称(区分)	試験・検定概要
建設・情報・IT	情報セキュリティマネジメント 国	情報セキュリティマネジメントの計画・運用・評価・改善をとおして脅威から継続的に組織を守るスキルを測る試験です。受験資格はありません。
	情報処理推進機構	受験者数11,111人中合格者5,336人　合格率48.0%
建設・情報・IT	データベーススペシャリスト 国	膨大なデータ群を管理し、顧客のビジネスに活用できるデータ分析基盤を提供します。ビッグデータ時代、役割は大きくなっています。
	情報処理推進機構	応募者数16,831人中合格者1,591人　合格率14.4%
建設・情報・IT	ネットワークスペシャリスト 国	ネットワークシステムを企画・要件定義・設計・構築・運用・保守する業務。特に情報セキュリティを含むネットワーク技術が求められます。
	情報処理推進機構	応募者数18,345人中合格者1,707人　合格率14.4%
建設・情報・IT	プロジェクトマネージャ 国	高度IT人材として確立した専門分野を持ち、プロジェクト全体計画を作成し、必要となる要員や資源を確保しながら実行していきます。
	情報処理推進機構	応募者数17,588人中合格者1,541人　合格率14.1%
建設・情報・IT	情報セキュリティ管理士 民	高度情報化社会のなかで、情報システムの利用者一人ひとりが知っておかなければならない情報セキュリティの知識について認定する資格。誰でも受験することができます。
	全日本情報学習振興協会	受験者数 非公開
建設・情報・IT	ネットマーケティング検定 民	Webマーケティング担当者は、SEOやSEM、SNSを活用したマーケティング等の知識は必要不可欠。そこで、ネットマーケティングの知識を総合的に学ぶのがネットマーケティング検定です。
	サーティファイ	受験者数 非公開
建設・情報・IT	マイクロソフトオフィススペシャリスト 民	マイクロソフト オフィスの操作を実践的に行う資格で、バージョンおよびアプリケーションごとに試験科目が分かれています。
	オデッセイコミュニケーションズ	累計受験者数 4,400,243人
建設・情報・IT	一級建築士 国	のべ面積500平方メートルを超す学校や病院、劇場、百貨店などに携われる建築士資格。学科試験の合格者は、2年以内であれば、再受験の際には設計製図の試験だけを受けることができます。
	建築技術教育普及センター	受験者数25,132人中合格者5,729人　合格率22.8%

分野	名称（区分）	試験・検定概要
建設・情報・IT	**建築CAD検定** 民	２次元の汎用CADを使用し、図面の理解力、 CAD技能の習熟度、建築に関する知識を測ります。CADシステムを使用し、与えられた条件のもと課題を完成させます。準１級から４級まであります。
	全国建築CAD連盟	受験者数 一部非公開
建設・情報・IT	**CAD利用技術者** 民	３次元と２次元があり、３次元は１級、準１級・２級、２次元は１級・２級・基礎があります。２級と基礎は受験資格はありませんが、１級、準１級は有資格者に限られます。
	コンピュータ教育振興協会	受験者数2,299人中合格者1,086人　合格率47.2%【3DCAD】/受験者数4,889人中合格者2,498人　合格率51.1%【2DCAD】
建設・情報・IT	**空間情報総括監理技術者** 民	測量を基に、広範な空間情報をとおして国土管理の業務を効果的に遂行するための空間情報の関連事業の企画・提案・監理の高度な専門知識と経験を有する技術者を認定するものです。
	日本測量協会	受験者数 非公開
建設・情報・IT	**土木施工管理技士** 国	公共工事で必置となる主任技術者や監理技術者になるために必須の資格。１級、２級があり、どちらも実務経験が必要ですが、指定の課程を卒業すれば短縮できます。
	全国建設研修センター	受験者数18,825人中合格者12,625人　合格率67.1%【学科試験】/受験者数31,729人中合格者12,611人　合格率39.7%【実地試験】※2級の場合
建設・情報・IT	**電気工事士** 国	第二種電気工事士の場合、都道府県の公共職業訓練施設や専修学校の養成課程を修了するか、第二種電気工事士の国家試験の合格が条件です。
	電気技術者試験センター	受験者数72,342人中合格者25,935人　合格率35.9%（令和元年下期）
農林・水産・バイオ・食物・動物	**栄養士** 国	資格取得には厚生労働大臣が指定した栄養士養成施設を卒業し、各都道府県に申請しますが、実習の必要性から夜間・通信の課程は設置が認められていません。
	厚生労働省	養成施設卒業後、申請
農林・水産・バイオ・食物・動物	**管理栄養士** 国	栄養士の上位資格にあたり、国家試験合格が必須です。栄養士養成施設への修学期間と免許取得後一定期間実務経験を積んだ者か、管理栄養士養成機関（４年制）を修了した者が受験可能です。
	厚生労働省	受験者数15,943人中合格者9,874人　合格率61.9%
農林・水産・バイオ・食物・動物	**調理師** 国	顧客に対し食物を安全に調理・供給することが調理師の仕事。免許の取得には、養成施設を修了する方法と、調理業務で２年以上の経験を積み、都道府県が実施する調理師試験に合格する２通りがあります。
	調理技術技能センター	養成施設卒後、申請あるいは実務2年以上で国家試験

分野	名称(区分)	試験・検定概要
農林・水産・バイオ・食物・動物	**製菓衛生師** 国	科学的根拠に基づいた知識・技術をもって信頼のおける菓子を作り、菓子製造業者の資質と公衆衛生の向上と増進に寄与することが目的です。製菓衛生師養成施設で学ぶか、2年以上の実務経験が必要です。
	各都道府県	受験者数1,794人中合格者1,429人　合格率79.7%
農林・水産・バイオ・食物・動物	**フードコーディネーター** 民	食の分野での分業化のなか、トータルでマネージメントする役割を担うのがフードコーディネーター。試験は1～3級。3級は筆記のみですが、1、2級はプレゼンテーションや企画能力を問われます。
	日本フードコーディネーター協会	受験者数　非公開
農林・水産・バイオ・食物・動物	**レストランサービス技能検定** 国	ホテルやレストラン業関係などへの就職の際に技量の目安となります。3級は専門学校等の飲料接遇サービス課程を修了することで受検できます。
	日本ホテル・レストランサービス技能協会	受験者数　非公開
農林・水産・バイオ・食物・動物	**ソムリエ・ワインエキスパート呼称資格認定** 民	ワインの仕入れ保存、在庫・品質管理、サービス方法等に留意し、個々のお客さまの求めに応じます。ワインエキスパートは、ワインを中心とする酒類、飲料、食全般の知識等が求められます。
	日本ソムリエ協会	受験者数3,249人中合格者1,437人　合格率44.2%
農林・水産・バイオ・食物・動物	**野菜ソムリエ** 民	家庭対象の野菜への認識の向上と、企業対象の新商品などの提案の二つの役割があり、「ジュニア野菜ソムリエ」「野菜ソムリエ」「シニア野菜ソムリエ」と3段階のコースに分かれています。
	日本野菜ソムリエ協会	受験者数　非公開
農林・水産・バイオ・食物・動物	**ハラール管理者** 民	ハラール管理者とは、イスラム教徒向け料理・食材の知識を持つ人に与えられる民間資格。ハラール食を認証する企業には、講習を受けた最低1名のハラール管理者を置かなければなりません。
	日本ハラール協会	養成研修終了後、付与
農林・水産・バイオ・食物・動物	**愛玩動物看護師** 国	令和元年に交付された愛玩動物看護師法によって、国家資格となる資格。獣医師の指示の元、診療行為、カルテ作成、薬物の管理等を行います。ペットの飼育が激増するなか、ニーズの増加も期待されます。
	動物看護師統一認定機構	2023年3月以降試験実施予定
デザイン・造形・ビューティー	**理容師** 国	主に散髪やヒゲそり(シェービング) などを行います。厚生労働大臣または都道府県知事指定の理容師養成施設での課程を修了後、理容師試験に合格すると免許が取得できます。
	理容師美容師試験研修センター	受験者数1,285人中合格者972人　合格率75.6%

分野	名称（区分）	試験・検定概要
デザイン・造形・ビューティー	**美容師** 国 理容師美容師試験研修センター	厚生労働大臣または都道府県知事指定の美容師養成施設を修了後、美容師試験に合格すると免許が取得。まつげエクステの施術にも必須の資格です。 受験者数17,288人中合格者14,709人　合格率85.1%
デザイン・造形・ビューティー	**ケア理容師** 民 全国理容生活衛生同業組合連合会	高齢者・障がいのあるお客さま向けに、在宅・施設での訪問理容サービスに焦点を絞った理容師を認定します。理容師資格を持ち、「ケア理容師養成研修」に参加が条件です。 養成研修終了後、付与
デザイン・造形・ビューティー	**ハートフル美容師** 民 全国美容業生活衛生同業組合連合会	高齢者・障がい者向けに、高度な美容サービスを提供するための知識・技術を身につけた美容師を認定する資格。美容師資格を持ち、協会が主催する「ハートフル美容師養成研修」に参加が条件です。 養成研修終了後、付与
デザイン・造形・ビューティー	**プロアイリスト** 民 日本まつげエクステ協会	内閣総理大臣認証法人　職業技能評価機構認定のまつげエクステ技術を評価する検定試験。４段階に級が分かれており、安全・衛生・美しさ・技術を重視しています。 受験者数　非公開
デザイン・造形・ビューティー	**ネイルスペシャリスト技能検定** 民 I-NAIL-A	５つの等級Ａ級、SA級、PA級、AA級、AAA級に分かれています。合格すると同試験の監査官、I-NAIL-Aが主催する練習会の講師などいろいろと活躍の場が広がります。誰でも受験可能です。 受験者数　非公開
デザイン・造形・ビューティー	**JNEC ネイリスト技能** 民 日本ネイリスト検定試験センター	日本ネイリスト協会が実施。１～３級までがあります。ネイルサロンなどへ就職する場合は、２級取得が採用の最低条件となります。 受験者数12,518人中合格者8,907人　合格率71.2%
デザイン・造形・ビューティー	**AEA認定インターナショナルエステティシャン** 民 日本エステティック業協会	AEA上級認定エステティシャン資格を取得後、フェイシャルまたはボディに関して２年以上の実務経験が条件となります。 受験者数　非公開
デザイン・造形・ビューティー	**アロマコーディネーターライセンス** 民 日本アロマコーディネーター協会	アロマセラピーに関する基礎知識を備え、アロマを安全に生活へ取り入れることができることを示す、日本アロマコーディネーター協会の最もベーシックかつオールマイティな認定資格です。 受験者数　非公開

分野	名称（区分）	試験・検定概要
デザイン・造形・ビューティー	**カラーコーディネーター** 民	実践的な色彩の知識を学びます。１～３級があり、１級は１分野（ファッション色彩）、２分野（商品色彩）、３分野（環境色彩）に分かれます。受験資格はありません（第49回から「スタンダード」「アドバンス」の２コースに変更）。
	東京商工会議所	受験者数9,908人中合格者4,984人　合格率50.3%【1～3級合計】
デザイン・造形・ビューティー	**ブライダルコーディネート技能検定** 国	結婚式において、質の高いサービスを提供するための知識を証明する試験です。３級は誰でも受験できますが、１級、２級は実務経験等が必要となります。
	日本ブライダル文化振興協会	受験者数　非公開
レジャー・エンタメ	**ダンス教育指導士** 民	教育・保育施設で指導する方やスポーツインストラクターとして活動している方などに、ダンス指導のスキルを認定します。初級、２級は研修会への参加、準１級、１級は実技試験が義務付けられます。
	ダンス教育振興連盟	受験者数　非公開
労務・心理・マネジメント	**プロジェクトマネジメントプロフェッショナル** 民	プロジェクト マネジメント プロフェッショナル（PMP®）は、主にIT業界においてプロジェクト全般の予算、工期、システム機能などをマネジメントする能力を認定する資格です。
	プロジェクトマネジメント協会	受験者数377人中合格者242人　合格率64.2%
労務・心理・マネジメント	**公認心理師** 国	大学院で必要な科目を修了するか、大学（学部）卒後、文部科学省あるいは厚生労働省の指定する施設で２年以上の実務経験を経て国家試験を受験し、合格すれば資格が取得できます。
	日本心理研修センター	受験者数16,949人中合格者7,864人　合格率46.4%
労務・心理・マネジメント	**臨床心理士** 民	臨床心理学の知見を持って、精神的な問題のカウンセリングを行ったり、解決へ導く仕事。大学院の臨床心理課程を修了するか、医師免許を取得後２年以上の心理臨床経験があれば受験資格が得られます。
	日本臨床心理士資格認定協会	受験者数2,214人中合格者1,408人　合格率63.6%
労務・心理・マネジメント	**精神保健福祉士** 国	精神科のある病院や精神障がい者社会復帰施設などで、精神障がい者に対して社会復帰の助言や相談、訓練などの支援を行います。保健福祉系大学の指定科目を履修するか、実務経験が必要となります。
	社会福祉振興・試験センター	受験者数6,633人中合格者4,119人　合格率62.1%
労務・心理・マネジメント	**精神対話士®** 民	対話をとおして対象者の心の内面にある問題を解決に導きます。「メンタルケア・スペシャリスト養成講座」の「基礎」「実践」課程を受講・修了し、「精神対話士選考試験」に合格する必要があります。
	メンタルケア協会	受験者数　非公開

分野	名称（区分）	試験・検定概要
労務・心理・マネジメント	**社会福祉士** 国 社会福祉振興・試験センター	心身や環境上の理由から、日常生活を送るのに支障がある人たちの支援を行うことが仕事。介護保険制度や障がい者自立支援法の改革により、地域福祉のなかでの役割も期待されています。 受験者数39,629人中合格者11,612人　合格率29.3%
労務・心理・マネジメント	**産業カウンセラー** 民 日本産業カウンセラー協会	職場での心理的な悩みや人間関係の問題に関して、カウンセリングを行います。日本産業カウンセラー協会が主催する養成講座を修了するか、大学院で指定の課程を修了し、受験資格を得ます。 受験者数3,583人中合格者2,302人　合格率64.2%
労務・心理・マネジメント	**スクールカウンセラー** 民 ----	スクールカウンセラーは、公認心理師、臨床心理士、精神科医、児童・生徒の臨床知識に関して専門的な知見をもった大学教員が資格要件で、地方自治体、教育委員会からの任用を受けます。 自治体・教育委員会からの任用
労務・心理・マネジメント	**学校心理士（準スクールカウンセラー）** 民 学校心理士認定運営機構	学校生活におけるさまざまな問題について心理的な支援を行う資格。精神科以外の医師、または大学あるいは大学院で学校心理学の課程を修了するか教職員活動など、実務を経験する必要があります。 受験者数　非公開
労務・心理・マネジメント	**教育カウンセラー** 民 日本教育カウンセラー協会	学級経営や授業、特別活動や生徒指導、家庭訪問や三者面談、進路指導や道徳教育などにおいてカウンセリングを行うことができる資格です。 受験者数　非公開
労務・心理・マネジメント	**キャリアコンサルタント** 国 キャリアコンサルティング協議会/日本キャリア開発協会	職業選択や能力開発に関する相談・支援を行う。養成講習あるいは実務経験等ののち、国家試験に合格し、登録する必要があります。キャリアコンサルティング技能士は本資格の上位資格にあたります。 受験者数3,281人中合格者1,772人　合格率54.0%【2団体合わせた数/実技・学科同時受験者】
労務・心理・マネジメント	**EAPメンタルヘルスカウンセラー（eMC®）** 民 EAPメンタルヘルスカウンセリング協会	EAPとは、雇用者を支援するプログラムの略。企業内で起きたメンタルヘルスに関する問題を、調査・支援・解決します。メンタルヘルス・マネジメントI種もしくはII種の合格が必要。 受験者数145人中合格者95人　合格率65.5%【二次試験】

【その他おすすめの資格】

分野	認定	名称
金融・不動産	民	証券アナリスト
金融・不動産	国	貸金業務取扱主任者
金融・不動産	国	ファイナンシャルプランニング技能士
医療・福祉	民	診療情報管理士
医療・福祉	民	診療報酬請求事務技能検定
医療・福祉	民	調剤報酬請求事務技能検定
建設・情報・IT	民	Web クリエイター能力検定
建設・情報・IT	民	Web デザイン技能検定
建設・情報・IT	民	家電製品アドバイザー
建設・情報・IT	国	気象予報士
建設・情報・IT	民	C 言語プログラミング能力認定
建設・情報・IT	国	システムアーキテクト
建設・情報・IT	国	消防設備士
建設・情報・IT	国	情報処理安全確保支援士
農林・水産・バイオ・食物・動物	民	キャットケアスペシャリスト
労務・心理・マネジメント	民	メンタルヘルス・マネジメント検定

巻末付録3

学び直しにおすすめ教育機関等データリスト91

アイコン

通学……通学
通信……通信
履修……履修証明プログラム
職実……職業実践力育成プログラム(BP)認定講座
科目……科目等履修生
公開……公開講座
正規……正規課程
教訓……教育訓練給付制度対象講座
奨学……奨学金制度
就職……就職支援
(企業説明会、個別支援など)

掲載校の系統を1つだけ掲載しています。複数の系統を学べる場合があります。詳しくは二次元バーコードを読み取ってご確認してください。

凡例にない独自アイコンが入っている教育機関があります。

2020年9月現在の情報です。詳細は各学校HP等でご確認してください。

法律・会計系

日本女子大学 リカレント教育課程　Tel.03-5981-3750
〒112-8681 東京都文京区目白台2-8-1
通学　履修　職実　教訓　就職

大原簿記学校　Tel.03-3237-8711
〒101-8351 東京都千代田区西神田2-4-11
通学　正規　教訓　奨学　就職

東京IT会計専門学校　Tel.0120-29-5441
〒130-8565 東京都墨田区錦糸1-2-1
通学　正規　奨学　就職

LEC東京リーガルマインド　Tel.0570-064-464
〒164-0001 東京都中野区中野4-11-10 アーバンネット中野ビル
通学　通信

LEC東京リーガルマインド大学院大学　Tel.03-3222-5184
〒101-0061 東京都千代田区神田三崎町2-2-15 Daiwa三崎町ビル7階
通学

ビジネス・ブレークスルー大学　Tel.03-5860-5544
〒102-0084　東京都千代田区二番町３番地 麹町スクエア２F
通信　履修　職実

WASEDA NEO（早稲田大学 日本橋キャンパス）　Tel.03-6262-7534
〒103-0027 東京都中央区日本橋1-4-1 日本橋一丁目三井ビルディング5階
通学　履修　職実　公開　教訓

金融・不動産系

ファイナンシャルアカデミー　Tel.0120-104-384
〒100-0005 東京都千代田区丸の内3-1-1 国際ビル2F
通学　通信

語学・観光系

駿台トラベル&ホテル専門学校　Tel.0120-285-294
〒170-0002 東京都豊島区巣鴨1-15-2
通学　正規　奨学　就職

東京エアトラベル・ホテル専門学校　Tel.0120-634-300
〒184-8543 東京都小金井市前原町5-1-29
通学　正規　奨学　就職

東京ホテル・トラベル学院専門学校　Tel.03-3237-8711
〒101-0065 東京都千代田区西神田1-2-15
通学　正規　奨学　就職

日本外国語専門学校　Tel.03-3365-6141
〒161-0033 東京都新宿区下落合1-5-16
通学　正規　奨学　就職

専門学校日本ホテルスクール　Tel.0120-58-1146
〒164-0003 東京都中野区東中野3-15-14
通学　正規　奨学　就職

医療・福祉系

大阪健康福祉短期大学　Tel.072-226-6625
〒590-0075 大阪府堺市堺区南花田口町2-3-20 三共堺東ビル
教訓　通学

大原医療秘書福祉保育専門学校　Tel.03-3237-8711
〒101-0065 東京都千代田区西神田2-4-10
通学　正規　教訓　奨学　就職

長生学園 あん摩マッサージ指圧師科　Tel.03-3738-1630
〒144-0055 東京都大田区仲六郷2-35-7
通学　教訓

湘南歯科衛生士専門学校　Tel.0463-22-5000
〒254-0811 神奈川県平塚市八重咲町1-6
通学　正規　就職

あいち福祉医療専門学校　Tel.052-678-8101
〒456-0002 愛知県名古屋市熱田区金山町1-7-13
通学　教訓　奨学　就職

森ノ宮医療学園専門学校　Tel.06-6976-6889
〒537-0022 大阪府大阪市東成区中本4-1-8
通学　教訓　正規　就職

公務・教員系

大原法律専門学校 Tel.03-3237-8711
〒101-8353 東京都千代田区西神田2-5-4
通 学　正 規　奨 学　就 職

建設・情報・IT・自動車系

関東職業能力開発大学校附属千葉職業能力開発短期大学校 Tel.043-242-4193
〒260-0025 千葉県千葉市中央区問屋町2-25
通 学

東京工科大学 Tel.0120-444-925
〒144-8535 東京都大田区西蒲田5-23-22
通 学　正 規　奨 学　就 職

東京法律専門学校 Tel.0120-29-5441
〒130-8565 東京都墨田区錦糸1-2-1
通 学　正 規　奨 学　就 職

中央工学校 Tel.03-3905-1511
〒114-8543 東京都北区王子本町1-26-17
通 学　正 規　教 訓　奨 学　就 職

東京工学院専門学校 Tel.0120-634-200
〒184-8543 東京都小金井市前原町5-1-29
通 学　正 規　奨 学　就 職

専門学校 東京工科自動車大学校 Tel.0120-1969-04
〒164-8787 東京都中野区東中野4-2-3
通学 正規 教訓 奨学 就職 夜間

専門学校 東京テクニカルカレッジ Tel.0120-1969-04
〒164-8787 東京都中野区東中野4-2-3
通学 正規 教訓 奨学 就職 夜間

東京電子専門学校 Tel.03-3982-3131
〒170-8418 東京都豊島区東池袋3-6-1
通学 正規 奨学 就職

日本工学院専門学校 Tel.0120-123-351
〒144-8655 東京都大田区西蒲田5-23-22
通学 正規 奨学 就職

日本工学院八王子専門学校 Tel.0120-444-700
〒192-0983 東京都八王子市片倉町1404-1
通学 正規 奨学 就職

日本工学院北海道専門学校 Tel.0120-666-965
〒059-8601 北海道登別市札内町184-3
通学 正規 奨学 就職

日本電子専門学校 Tel.03-3363-2985
〒169-8522 東京都新宿区百人町1-25-4
通学 正規 教訓 奨学 就職

東海工業専門学校金山校 Tel.052-332-6211
〒460-0022 愛知県名古屋市中区金山2-7-19
通学 教訓 奨学 就職

農林水産・バイオ・食物・動物系

エコール 辻 東京 Tel.0120-71-1305
〒186-0003 東京都国立市富士見台2-13-3
通学 正規 奨学 就職

武蔵野調理師専門学校 Tel.0120-510-331
〒171-0022 東京都豊島区南池袋3-12-5
通学 正規 教訓 奨学 就職

エコール 辻 大阪 Tel.0120-24-2418
〒545-0053 大阪市阿倍野区松崎町3-16-3
通学 正規 奨学 就職

辻製菓専門学校 Tel.0120-24-2418
〒545-0053 大阪市阿倍野区松崎町3-9-23
通学 正規 教訓 奨学 就職

辻調理師専門学校 Tel.0120-24-2418
〒545-0053 大阪市阿倍野区松崎町3-16-11
通学 正規 教訓 奨学 就職

デザイン・造形・ビューティー系

埼玉県理容美容専門学校 Tel.048-822-1333
〒330-0074 埼玉県さいたま市浦和区北浦和5-4-24
通学 通信 正規 就職

国際理容美容専門学校 Tel.03-3803-6696
〒116-0014 東京都荒川区東日暮里5-17-12
通学 通信 正規 教訓

専門学校桑沢デザイン研究所 Tel.03-3463-2432
〒150-0041 東京都渋谷区神南1-4-17
通学 正規 奨学 就職

東京情報クリエイター工学院専門学校 Tel.03-3237-8711
〒101-0051 東京都千代田区神田神保町2-10-33
通学 正規 奨学 就職

東京マックス美容専門学校 Tel.03-3774-1551
〒140-0014 東京都品川区大井1-48-11
通学 通信 正規 就職

ハリウッド美容専門学校 Tel.03-3408-5020
〒106-8541 東京都港区六本木6-4-1 六本木ヒルズハリウッドプラザ
通学 正規

文化服装学院 Tel.03-3299-2233
〒151-8522 東京都渋谷区代々木3-22-1
通学 通信

労務・心理・マネージメントカウンセラー

福岡女子大学 Tel.092-692-3198
〒813-8529 福岡県福岡市東区香住ヶ丘1-1-1
通学 通信 職実 就職

リカレントキャリアデザインスクール Tel.0120-67-2048
〒160-0022 東京都新宿区新宿3-1-13 京王新宿追分ビル4階
通学 通信 教訓 就職 公開

日本キャリア・マネージメント・カウンセラー協会(CMCA) Tel.03-3537-9600
〒104-0033 東京都中央区新川1-25-9 1F
通学 教訓

その他の教育機関

●専門職大学・専門職短期大学

静岡県立農林環境専門職大学
静岡県立農林環境専門職大学短期大学部
https://shizuoka-norin-u.ac.jp/

国際ファッション専門職大学
https://www.piif.ac.jp/

情報経営イノベーション専門職大学
https://www.i-u.ac.jp/

東京国際工科専門職大学
https://www.iput.ac.jp/tokyo

東京保健医療専門職大学
https://www.tpu.ac.jp

開志専門職大学
https://kaishi-pu.ac.jp/

びわこリハビリテーション専門職大学
http://aino.ac.jp/professional/

高知リハビリテーション専門職大学
https://kpur.ac.jp/

ヤマザキ動物看護専門職短期大学
https://pc.yamazaki.ac.jp/

●大学
明治大学
https://www.meiji.ac.jp/

京都光華女子大学
https://www.koka.ac.jp/

京都女子大学
https://www.kyoto-wu.ac.jp/

関西学院大学
https://www.kwansei.ac.jp/

●主な民間教育機関
放送大学
https://www.ouj.ac.jp/hp/gaiyo/

NHK学園
https://www.n-gaku.jp/

日商リカレントスクール
https://nissho-rs.jp/

総合資格学院
https://www.shikaku.co.jp/

ユーキャン
https://www.u-can.co.jp/

フォーサイト
https://www.foresight.jp/

たのまな
https://www.tanomana.com/

キャリカレ
https://www.c-c-j.com/

大栄
https://www.daiei-ed.co.jp/

日経ビジネススクール
https://school.nikkei.co.jp/

ECCビジネススクール
https://ecccb.com/

TAC
https://www.tac-school.co.jp/

クレアール
https://www.crear-ac.co.jp

東京FP
http://www.tfp.co.jp/

きんざい
https://www.kinzai.jp/

日建学院
https://www.ksknet.co.jp/nikken/

日本医療事務協会
https://www.ijinet.com/

まなびねっと
https://www.e-nichii.net/

ソラスト
https://solasto-learning.com/

日本マンパワー
https://www.nipponmanpower.co.jp/cc/information/cc_school/

アビバ
https://www.aviva.co.jp/

がくぶん
https://www.gakubun.net/

日本ヴォーグ社
https://school.nihonvogue.co.jp/tsushin/

●主な無料オンライン講座
gacco
https://gacco.org/

jmooc
https://www.jmooc.jp/

Fisdom
https://www.fisdom.org/

OpenLearning, Japan
https://open.netlearning.co.jp/

●リカレント関連WEBサイト
社会人の大学等での学びを応援するサイト「マナパス」
https://manapass.jp/

氷河期世代支援ポータルサイト「ゆきどけ荘」
https://www.gov-online.go.jp/cam/hyougaki_shien/

参考文献

リンダ・グラットン（池村千秋・訳）『ワーク・シフト』プレジデント社
リンダ・グラットン、アンドリュー・スコット（池村千秋・訳）『LIFE SHIFT（ライフ・シフト）100年時代の人生戦略』東洋経済新報社
ちきりん『未来の働き方を考えよう』文藝春秋
佐藤留美『仕事2・0　人生100年時代の変身力』幻冬舎
中原淳『働く大人のための「学び」の教科書　100年ライフを生き抜くスキル』かんき出版
落合陽一『0才から100才まで学び続けなくてはならない時代を生きる学ぶ人と育てる人のための教科書』小学館
大前研一『稼ぐ力をつける「リカレント教育」　誰にも頼れない時代に就職してから学び直すべき4つの力』プレジデント社
ダニエル・ピンク（大前研一・訳）『モチベーション3・0　持続する「やる気！」をいかに引き出すか』講談社
南章行『好きなことしか本気になれない。人生100年時代のサバイバル仕事術』ディスカヴァー・トゥエンティワン
北野唯我『このまま今の会社にいてもいいのか？　と一度でも思ったら読む　転職の思考法』ダイヤモンド社
成毛眞『定年まで待つな！　一生稼げる逆転のキャリア戦略』PHPビジネス新書
溝口敦『さらば！　サラリーマン　脱サラ成功40人の成功例』文春新書
柳川範之『40歳からの会社に頼らない働き方』ちくま新書

石川邦子『自分らしく生きる！　40代からはじめるキャリアのつくり方』方丈社
徳岡晃一郎『40代からのライフシフト実践ハンドブック　80歳まで現役時代の人生戦略』東洋経済新報社
黒田真行『40歳からの「転職格差」まだ間に合う人、もう手遅れな人』ＰＨＰビジネス新書
和田秀樹『50歳からの勉強法』ディスカヴァー・トゥエンティワン
大野誠一『実践！　50歳からのライフシフト術　葛藤・挫折・不安を乗り越えた22人』ＮＨＫ出版
前川孝雄『50歳からの逆転キャリア戦略「定年＝リタイア」ではない時代の一番いい働き方、辞め方』ＰＨＰビジネス新書
松本すみ子（監修）『55歳からのリアル仕事ガイド』朝日新聞出版
木村勝『働けるうちは働きたい人のためのキャリアの教科書』朝日新聞出版
大江英樹『老後不安がなくなる定年男子の流儀　月５万円でも人の役に立って楽しく働ければいいじゃないか』ビジネス社
片桐実央『「シニア起業」で成功する人・しない人　定年後は、社会と繋がり、経験を活かす』講談社＋α新書
木下康仁『シニア学びの群像　定年後ライフスタイルの創出』弘文堂
須田美貴『資格ビジネスに騙されないために読む本』鹿砦社
高島徹治『40歳からは「この資格」を取りなさい「求められる人材」になるための秘訣』中公新書ラクレ
山下清徳『中年から「稼げる」士業になる！―資格取得から開業準備まで―』めでぃあ森
「THE21」編集部『会社に頼れない時代の「資格」の教科書』ＰＨＰビジネス新書
田代英治『人事・総務・経理マンの年収を3倍にする独立術』幻冬舎
土方雅之『プロセス思考でビジネスが変わる』幻冬舎
森井ユカ『突撃！　オトナの大学院』主婦と生活社

渡邉 洋一（わたなべ よういち）
株式会社さんぽう会長。進路アドバイザー。1952年、長野県上田高校卒業。1960年、東京大学文学部卒業、博報堂入社。1968年、産業教育情報センター（現さんぽう）設立、社長就任。2003年より現職。

本書についての
ご意見・ご感想はコチラ

「新しい学び」でキャリアアップ！
～リカレント教育のすすめ～

二〇二〇年一〇月二八日 第一刷発行

著 者 渡邉洋一
発行人 久保田貴幸
発行元 株式会社 幻冬舎メディアコンサルティング
〒一五一-〇〇五一 東京都渋谷区千駄ヶ谷四-九-七
電話 〇三-五四一一-六四四〇（編集）
発売元 株式会社 幻冬舎
〒一五一-〇〇五一 東京都渋谷区千駄ヶ谷四-九-七
電話 〇三-五四一一-六二二二（営業）
印刷・製本 シナノ書籍印刷株式会社
装 丁 上田さつき

検印廃止

Printed in Japan ISBN978-4-344-93090-2 C0037
幻冬舎メディアコンサルティングＨＰ http://www.gentosha-mc.com/

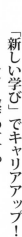